ANALYSEN UND REFLEXIONEN
Band 42

Ingeborg Scholz

Franz Kafka

Der Prozeß
Das Schloß

Interpretation und
unterrichtspraktische Vorschläge

Joachim Beyer Verlag — 8607 Hollfeld/Ofr.

Die Reihe wird herausgegeben von
Martin Thunich.

2. verbesserte Auflage 1985
ISBN 3-88805-030-8

Gesamtherstellung: Druckerei Heinz Neubert GmbH, Bayreuth

Inhalt

Einführung

Im Jahre 1910 erschien der Roman „Malte Laurids Brigge" von Rainer Maria Rilke; in ihm wird zum erstenmal in so unüberhörbarer Weise die existentielle Bedrohung des modernen Menschen dichterisch dargestellt. Mit seinem Erscheinen wird die literarische Epoche der Neuzeit eingeleitet. Er galt als Symptom der großen Kunstrevolution, wie sie sich ähnlich in den Formen der abstrakten Malerei und in den Klängen atonaler Musik widerspiegelt. Eine neue Art zu sehen, sich plötzlich außerhalb aller gewohnten raumzeitlichen Beziehungsordnungen zu finden, kennzeichnet diese Erfahrungen, von denen es in Rilkes Roman heißt: „Ja, er wußte, daß er sich jetzt von allem entfernte: nicht nur von den Menschen. Ein Augenblick noch, und alles wird seinen Sinn verloren haben, und dieser Tisch und die Tasse und der Stuhl, an den er sich klammert, alles Tägliche und Nächste wird unverständlich geworden sein, ... Die Zeit der anderen Auslegung wird anbrechen, und es wird kein Wort auf dem andern bleiben, und jeder Sinn wird wie Wolken sich auflösen und wie Wasser niedergehen."

Analog zu dieser Konfession des modernen Menschen an der Schwelle des 20. Jahrhunderts steht die Aussage eines anderen Dichters, der in seiner Epoche nur wenigen Freunden bekannt war und dessen weltweite Wirkung erst einer späteren Zeit vorbehalten war: Franz Kafkas. In seinem Frühwerk „Beschreibung eines Kampfes" finden sich Sätze, die, andersartig in ihrer dichterischen Diktion, in ihrer inhaltlichen Aussage jedoch das gleiche Phänomen zum Ausdruck bringen: „Was soll dann mit mir geschehen, soll ich dann aus der Welt herausgeworfen werden? . . . Ist es nicht dieses Fieber, diese Seekrankheit auf festem Land, eine Art Aussatz? . . . Ich hoffe von ihnen zu erfahren, wie es sich mit den Dingen verhält, die um mich wie ein Schneefall versinken, während vor anderen schon ein kleines Schnapsglas auf dem Tisch fest wie ein Denkmal steht."

In den Äußerungen beider Dichter wird deutlich, daß es sich hier um eine völlig neue Wirklichkeitserfahrung handelt, daß Menschen, Dinge, Farben und Formen die vertrauten Beziehungen zueinander verloren haben und daß man sich bei der Beschäftigung mit diesen dichterischen Visionen auf etwas einläßt, was die gewohnte Logik sprengt. „Kafkas Dichtung" so formuliert Emrich, „durchbricht nicht nur die Täuschung eines jahrhundertealten europäischen Subjektivismus, als sei das Subjekt fähig, sich selbst in objektloser Innerlichkeit psychisch zu begreifen, sondern entlarvt auch die Täuschung eines jahrhundertealten objektivierenden Geistes Europas, als sei das Denken in subjektloser Reinheit imstande, die Welt in eine allgemeine Gesetzmäßigkeit überzuführen, restlos zu durchschauen und zu beherrschen, als sei der reine Begriff die reine Wirklichkeit selbst."[1])

---

[1])Wilhelm Emrich, Die Literaturrevolution und die moderne Gesellschaft, Akzente, Ztschr. f. Dichtung hrsg. v. M. Höllerer u. Hans Beder, 3. Jg. 1956, S. 183 f.

Zeittafel

1883 3. Juli: Franz Kafka als ältestes Kind des Kaufmanns Hermann Kafka und seiner Frau Julie, geb. Löwy, in Prag geboren.

1889 Besuch der deutschen Knabenschule am Fleischmarkt/Prag.

1893 Eintritt in das „Altstädter Deutsche Gymnasium" im Kinsky-Palais.

1901 Abitur. Herbst: Beginn des Studiums an der Deutschen Universität in Prag. Studium: Jura, nebenbei Kunstgeschichte.

1902 Erste Begegnung mit Max Brod.

1906 13. Juni: Juristische Staatsprüfung.
18. Juni: Promotion zum Dr. jur. bei Alfred Weber.

1908 Aushilfsbeamter bei der Prager Arbeiter-Unfall-Versicherungsanstalt.
Intensivierung der Freundschaft mit Max Brod.

1910 Bekanntschaft mit Franz Werfel.

1914 Verlobung mit Felice Bauer.

1917 Nach Entlobung: Zweite Verlobung mit Felice Bauer.
Später: Entlobung.

1917 9./10. August: Blutsturz (Tuberculose).

1920 Bekanntschaft mit Gustav Janouch.
Korrespondenz mit Milena Jalenska.

1923 Kafka meist bettlägrig.
Liebe zu Dora Diamant.
24. September: Übersiedlung zu Dora Diamant nach Berlin.

1924 19. April: Übersiedlung in Dr. Hoffmanns Sanatorium in Kierling bei Klosterneuburg.
3. Juni: Tod Kafkas.
11. Juni: Begräbnis auf dem jüdischen Friedhof in Prag-Straschnitz.

Daten der Erstpublikationen der Romane:

1925 „Der Prozeß"

1926 „Das Schloß"

1927 „Amerika"

Teil I
„Kafkas Brief an Max Brod" (5.7.1922)
„Über das Schreiben"

„Alles, was nicht Literatur ist, langweilt mich und ich hasse es, denn es stört mich . . ."[2])

Mit diesem Satz beschreibt Kafka in den Aufzeichnungen aus dem Jahre 1911 die Position seiner Existenz in der Welt. Er fährt ergänzend fort: „Mein Glück, meine Fähigkeiten und jede Möglichkeit, irgendwie zu nützen, liegen seit jeher im Literarischen." – Sätze dieser und ähnlicher Art zum Thema des „Schreibens" finden sich in Fülle in seinen Briefen, Tagebüchern und Aphorismen. Sie beleuchten, wie pausenlos er sich mit diesem Grundthema seiner Existenz beschäftigt hat, – darin einem Reisenden vergleichbar, der immer wieder zu jenen Orten zurückkehren muß, die zum Mittelpunkt seines Erlebniskreises geworden sind. Aber auch im Hinblick auf dieses Thema ist die für ihn charakteristische Denkbewegung das „Einerseits-Andererseits": so sehr das „Schreiben" Notwendigkeit und Sinnerfüllung bedeutet, so sehr sieht er es zugleich als „gefährlich" und „suspekt" an, eine Ambivalenz, die sich besonders deutlich in seinem bedeutsamen Brief an Max Brod ausdrückt. –

Kafka ist aufrichtig; deshalb sind seine Brief- und Tagebuchstellen in ihrem Aussagewert ernstzunehmen, auch wenn im Hinblick auf seine Briefe, die jeweils auf den Partner abgestimmt sind, eine gewisse Einschränkung gemacht werden muß.

---

[2]) Franz Kafka, Tagebücher, Bd. VI, S. 100.

Kafka nennt seine dichterische Gestaltung „das Schreiben", – ein nüchternes Wort, das lediglich auf den Tatbestand reduziert ist, daß etwas aufgezeichnet und festgehalten wird; die mit Vorstellungen bestimmter Art überladene Vokabel des „Dichterseins" wird im eigenen Sprachgebrauch gemieden. Gerade deshalb aber tragen die Stellen, die auf diese Tätigkeit Bezug nehmen, das volle Gewicht existentieller Notwendigkeit, – ganz im Sinne jener Absicht, die er selbst einmal folgendermaßen charakterisiert hat: „. . . jedes Wort ganz mit sich (zu) erfüllen"[3])

Kafka bezeichnet die Literatur als seinen „einzigen Beruf"[4]) und formuliert einseitig und ausschließlich: „da ich nichts anderes bin als Literatur und nichts anderes sein kann und will . . ."[5]) Martin Walser, der sich im ersten Kapitel seiner Kafka-Studie „Beschreibung einer Form" ausführlich mit Kafkas Position als Dichter auseinandersetzt, erkennt in dieser Auffassung von Literatur, die die Wirklichkeit schon vor dem Werk sich verwandeln heißt, zugleich Reduktion und Zerstörung der bürgerlichen Person des Schriftstellers. Er weist darauf hin, daß Kafka, um des Schreibens willen, systematisches Denken und Anschauen in seinen Briefen und Tagebüchern regelrecht geübt habe: „Also eine wachsende Vervollkommnung des Schreibens, der poeti-

[3]) ebd.

[4]) ebd, S. 99.

[5]) ebd, S. 99.

schen Persönlichkeit mit der fortschreitenden Reduktion der bürgerlichen Persönlichkeit."[6])

Eine solche hier vermerkte „Doppelbewegung von Reduktion und Vervollkommnung" läßt sich durch zahlreiche Aussprüche Kafkas hinreichend belegen; wir würden, wenn wir im einzelnen darauf eingingen, nur oft Kommentiertes und Gesagtes wiederholen. Aber da wir uns bei Kafka auf einem Boden befinden, auf dem jede genaue Orientierung unmöglich ist: er selbst zieht fast jede Angabe nachträglich in Zweifel, stiftet Widersprüche, verdunkelt Feststellungen, – so kann daraus die Konsequenz gezogen werden, daß er für den jeweiligen Interpreten – trotz der Fülle der Deutungen und Meinungen über sein Werk – von Fall zu Fall eine immer wieder neu zu bewältigende Aufgabe ist. Es gibt Blickpunkte im Werke Kafkas – und der von uns ausgewählte Brieftext enthält, unserer Meinung nach, solche Aspekte – von denen aus das Verhältnis zwischen dem „wirklichen" und dem „schreibenden Ich", wie der Autor es selbst nennt, in den Beziehungsraum von Angst, Tod und Schuld gerät: Die Position des Schreibens – obwohl unabwendbar (er ist Schriftsteller, auch wenn er nicht „schreibt") – wird nicht gerechtfertigt, sondern verurteilt. Bedeutsam ist das Datum dieses Briefes: 1922, zwei Jahre vor seinem Tod, das eine Art von Rückschau aus einem Endzustand irdischer Existenz suggeriert: „Damit ist dann entschieden, daß ich aus Böhmen nicht mehr herausfahren darf, nächstes werde ich dann auf Prag eingeschränkt,

[6]) Martin Walser, Beschreibung einer Form, Carl Hanser Verlag München, 1963, S. 14.

dann auf mein Zimmer, dann auf mein Bett, dann auf eine bestimmte Körperlage, dann auf nichts mehr."[7])

Das Verhältnis von „bloßer Existenz" und der „Existenz des Schriftstellers" ist bei Kafka kaum an einer Stelle so heillos zum Ausdruck gebracht worden wie in diesem Brief aus der Spätzeit: Schriftstellerei erscheint hier als „Lohn für Teufelsdienst"; der Schriftsteller ist der „Sündenbock der Menschheit", er erlaubt den Menschen, eine Sünde „schuldlos zu genießen, fast schuldlos."[8]) Man muß sich in diesem Zusammenhang an die Tatsache erinnern, daß Kafka seine Schriften – laut Testament – vernichtet wissen wollte. –

Der eigentliche Anlaß dieses Briefes ist eine Reise, die Kafka vor sich hat; er spricht von einem „beliebigen Anlaß", einer kleinen Reise nach Georgental. Um so unverhältnismäßiger ist die Reaktion, die diese geplante Veränderung auslöst: die Angst davor ist ein Grund, der ihm den Boden unter den Füßen wegreißt: „Ich sitze hier in der bequemen Haltung des Schriftstellers, . . . und muß untätig zusehen, wie mein wirkliches Ich . . . aus einem beliebigen Anlaß, einer kleinen Reise nach Georgental . . . vom Teufel gezwickt, geprügelt und fast zermahlen wird."[9]) Damit ist das Thema gegeben: auf eine komplizierte Weise ist hier das Motiv der Angst vor Zerstörung mit der Situation des Schriftstellers verstrickt. –

---

[7]) Franz Kafka, Briefe Bd. VI, S. 384.

[8]) ebd, S. 384.

[9]) ebd.

Der unmittelbare Anstoß zu diesen Gedanken ist eine schlaflose Nacht; wir wissen, daß Kafka zeitlebens unter Schlaflosigkeit gelitten hat. Die zu Beginn ausdrücklich als einmalig gekennzeichnete Situation („als ich heute in der schlaflosen Nacht alles immer wieder hin- und hergehen ließ zwischen den schmerzenden Schläfen, . . . ") eröffnet jedoch eine sogleich ins Allgemeine hinüberspielende Bestandsaufnahme seiner Existenz in der Spaltung als „wirkliches" und als „schreibendes Ich". Kafka bedient sich in diesem Text des bildhaften Ausdrucks, so daß auch hier zutrifft, was Klaus Ramm in einem anderen Zusammenhang anläßlich eines Briefes an Max Brod ausführt: „– ein Beleg dafür, daß Kafkas Aufzeichnungen in Briefen und Tagebüchern sich im Grundsätzlichen kaum von seinen Prosastücken unterscheiden."[10])

Kafka umkreist im vorliegenden Brieftext — wie so oft — die Erkenntnis, auf „was für einem schwachen oder gar nicht vorhandenen Boden" er lebt, einem Boden über einem „Dunkel", aus dem die dunkle Gewalt nach ihrem Willen hervorkommt und sein Leben zerstört. In dem Ausdruck „die dunkle Gewalt" weist der bestimmte Artikel – in Umkehrung seiner schulgrammatischen Handhabung – auf das Unbestimmte, das mächtiger ist als alles Bestimmte und Bestimmbare, ähnlich wie in der folgenden Stelle aus dem Brief, wo es heißt: „Dieses Hinabgehen zu den dunklen Mächten . . . ". Solche Vorstellungen kommen in der Nacht wie die „Ringkämpfe",

---

[10]) Klaus Ramm, Reduktion als Erzählprinzip bei Kafka, Athenäum Verlag 191, S. 10.

die den „Gruftwächter"[11]) überfallen, der jede Nacht bis zur Erschöpfung mit den aus der Totengruft aufsteigenden Gestalten zu kämpfen hat. Auch die „Gespenster" des Gruftwächters kommen von „draußen", versammeln sich um das Haus und drängen sich an die Fensterlöcher.

Nachts stürzen alle hegenden und bergenden Grenzen ein: Dämonen steigen auf, die immerzu unter der dünnen Decke des Abgrunds hocken und die man nur wenig vergessen kann, wenn man „im Sonnenlicht Geschichten schreibt". Kafka umkreist hier, wie oft, die Frage, ob er schreiben darf, ob er, indem er sich an den Schreibtisch klammert („mit den Zähnen muß er sich festhalten" heißt es im Brieftext), sich nicht eigenmächtig davor bewahrt, den Boden unter den Füßen zu verlieren, ob er nicht die Hände mit dem Schreibtisch loslassen und sich fallen lassen muß durch den Boden hindurch in den Abgrund, der seine – vielleicht die – eigentliche Welt ist: „Dieses Hinabgehen zu den dunklen Mächten, diese Entfesselung von Natur aus ungebundener Geister, fragwürdige Umarmungen und was alles noch unten vor sich gehen mag, von dem man oben nichts weiß, wenn man im Sonnenlicht Geschichten schreibt. Vielleicht gibt es noch anderes Schreiben, ich kenne nur dieses: . . . " [12])

Das „Schreiben", so kann man aus diesen aufgezeichneten Visionen herauslesen, erscheint untrennbar mit seinem „wirklichen Ich" verbunden,

---

[11]) Franz Kafka, Werke, Beschreibung eines Kampfes, S. 301 ff.

[12]) Franz Kafka, Briefe, Bd. VI, S. 384.

geradezu als „der Lohn für Teufelsdienst". In diesem nächtlichen Zwischensein erkennt er „das Teuflische" seines Schriftstellerseins, ob er es ausübt oder nicht („ . . . daß ich, wie es tatsächlich der Fall ist, auch wenn ich nicht schreibe, Schriftsteller bin, . . . "). In dem hier folgenden Ausspruch läßt sich eine Art von Definition erkennen: „Es ist die Eitelkeit und Genußsucht, die immerfort um die eigene oder auch um eine fremde Gestalt – die Bewegung vervielfältigt sich dann, es wird ein Sonnensystem der Eitelkeit – schwirrt und genießt. Was der naive Mensch sich manchmal wünscht: ‚Ich wollte sterben und sehn, wie man mich beweint', das verwirklicht ein solcher Schriftsteller fortwährend, er stirbt (oder er lebt nicht) und beweint sich fortwährend. Daher kommt eine schreckliche Todesangst."[13]) In den nächtlichen Visionen, die dieser Brief aufzeichnet, sieht sich Kafka gespalten in den Schriftsteller in sich und in sein „Ich selbst", in sein „wirkliches Ich". Diese Spaltung bedeutet für ihn, daß er niemals richtig gelebt hat, daß er am Leben schuldig geworden ist. Im Dunkel der Nacht kommt dieses Wissen: „Ich könnte leben und lebe nicht."[14]) Nötig zum Leben wäre gewesen, „einziehn in das Haus, statt es zu bewundern und zu bekränzen". In einem anderen Brief an Max Brod schreibt Kafka, daß er im Akt des Schreibens „mit allem, was er hat, auf den Mond übersiedelt" und sich „um einer Mondheimat willen verliert".[15]) Das Ich, das schreibend lebte — war nur „Lehm", „den

[13]) Franz Kafka, Briefe, Bd. VI, S. 384.

[14]) ebd, S. 384.

[15]) Franz Kafka, Briefe, Bd. VI, S. 241.

Funken", so sagt der Autor in dem Brief über den Schriftsteller, „habe ich nicht zum Feuer gemacht, sondern nur zur Illuminierung meines Leichnams benutzt."[16]) Das „wirkliche" Ich ist nicht zum Leben entzündet worden, das „schreibende" Ich hat es getötet. Der Schriftsteller hat sich um des reinen Betrachtens willen aus dem Leben zurückgezogen; er ist damit den Gewalten preisgegeben, die, wie die Gespenster des Gruftwächters, aus der Tiefe kommen.

In der Qual dieses Zwischenseins steigen Gedanken von Schuld und Tod auf: wer niemals richtig gelebt hat, ist am Leben schuldig geworden. Kafka nennt den Schriftsteller hier „den Sündenbock der Menschheit", der den Menschen erlaubt, „eine Sünde schuldlos zu genießen, fast schuldlos". (Man beachte auch an dieser Stelle den Zwang zur sofortigen Einschränkung einer Aussage, der für Kafka charakteristisch ist.) Indem Kafka vor sich selbst die Tätigkeit des Schriftstellers als Selbstbespiegelung entlarvt, erscheint sie in unmittelbarem Zusammenhang mit der Todesangst. Tod, Schuld und Dichtertum gehören zusammen. Die Überzeugung, sich durch das distanzierende Schreiben von der eigentlichen Wirklichkeit des Lebens zurückgezogen zu haben, läßt ihn erst recht der Todesangst verfallen: „Was ich gespielt habe, wird wirklich geschehen. Ich habe mich durch das Schreiben nicht losgekauft. Mein Leben lang bin ich gestorben und nun werde ich wirklich sterben. Mein Leben war süßer

---

[16]) Franz Kafka, Briefe, Bd. VI, S. 385 f.

als das der anderen, mein Tod wird um so schrecklicher sein."[17])

Aufschlußreich ist noch folgende Briefstelle: Sie enthält den Hinweis auf den Mangel an Festigkeit in dem Bereich des „wirklichen Lebens", eine Erfahrung, die Kafka in zahlreichen Briefen, Tagebuchnotizen und in seinem gesamten dichterischen Werk immer wieder zum Ausdruck gebracht hat: „Der Schriftsteller in mir wird natürlich sofort sterben, denn eine solche Figur hat keinen Boden, hat keinen Bestand, ist nicht einmal aus Staub; . . . "[18]) Zur Ergänzung dieser Erfahrung sei noch zum Schluß auf ein Erlebnis hingewiesen, das Kafka in einem Brief an Max Brod mitgeteilt hat: „Als ich an einem anderen Tage nach einem kurzen Nachmittagsschlaf die Augen öffnete, meines Lebens noch nicht ganz sicher, hörte ich meine Mutter in natürlichem Ton vom Balkon hinunterfragen: ‚Was machen Sie?' Eine Frau antwortete aus dem Garten: ‚Ich jause im Grünen.' Da staunte ich über die Festigkeit, mit der die Menschen das Leben zu tragen wissen."[19])

Aus der kommentierenden Schlußbemerkung des Autors steigt jenes Staunen über die Festigkeit der „wirklichen" Menschen im alltäglichen Sein auf, die der Schwäche und Unsicherheit des Dichters diametral entgegensteht. – So groß auch die Bedeutung ist, die Kafka selbst dem „Schreiben" in sei-

---

[17]) ebd, S. 385.

[18]) ebd.

[19]) ebd, S. 29.

nem Leben zuerkannte – wir weisen auf das Zitat des Anfangs hin – , so versagen doch alle herkömmlichen Vokabeln, von dieser Bedeutung, ja Notwendigkeit eine Rechtfertigung seines Tuns abzuleiten. Von einer solchen Rechtfertigung der Position des Schriftstellers in der Welt enthält dieser exemplarische Brieftext keine Spur. –

Teil II
„Der Prozeß“
Anrufung durch das unsichtbare Gericht

1. Rekonstruktion des Geschehens

Unabhängig von jedem Versuch, die geheimnisvolle Chiffrierung des Romans zu enträtseln, stellen wir zunächst eine Rekonstruktion der Geschehnisse voraus. –

Der Prozeß-Roman, entstanden 1914/15, erschienen 1925, beginnt mit dem lapidaren Satz: „Jemand mußte Josef K. verleumdet haben, denn ohne daß er etwas Böses getan hatte, wurde er eines Tages verhaftet.“ Dies spielt sich am Morgen seines dreißigsten Geburtstages ab: Die ebenso minuziös geschilderten wie ihm selbst unerklärlichen Ereignisse, die von diesem Augenblick an fortwirkend sein bisheriges Leben entscheidend verändern, beginnen mit dem Erscheinen von drei Männern, zwei Wächtern und einem Aufseher, in der Pension der Frau Grubach, in der Josef K., ein angesehener Bankprokurist, als Junggeselle in Untermiete lebt. Verärgert über die verwirrenden Umstände der von den Wächtern so deklarierten „Verhaftung“, will Josef K. das Ganze zunächst als Spaß auffassen, womöglich als einen Streich, den Kollegen der Bank sich an seinem 30. Geburtstag ausgedacht haben. Dennoch begeht er – nach seiner eigenen Meinung – die Unvorsichtigkeit, die absurd erscheinende Szene, so wenig plausibel sie ihm erscheint, in einer gewissen Weise ernstzunehmen, indem er sich „irgendwie in die Gedanken der Wächter ein(zu)schleichen“ und sie zu seinen Gunsten zu stimmen versucht. Ein solches Verhalten ist der erste Schritt auf dem Wege fortgesetzter Abhängigkeiten, in die er von nun an gerät: er verfällt einem gewissen inneren Zwang, sich für die verwirrenden Ereignisse rechtfertigen zu müssen; z. B. fühlt er sich verantwortlich – ohne daß er sich einer Schuld bewußt ist – für die Unordnung, die in der Pension der Frau Grubach verursacht worden ist. Durch seine wortreiche Entschuldigung bei seiner Zimmerwirtin stiftet er wiederum Verwirrung bei einer jungen Mitbewohnerin, Fräulein Bürstner. Er spricht sogar davon, daß Frau Grubach ihm kündigen müsse, wenn sie ihre Pension reinhalten wolle. – Mit einer solchen Gedankenrichtung ist Josef K. bereits in die Ereignisse verflochten, die das „Gericht" betreffen. Schon in den nächsten Tagen wird er zur Untersuchung seiner Prozeß-Angelegenheit in die Räume des Gerichts eingeladen. Nach langem Suchen und augenscheinlich nur zufällig findet er den Sitzungssaal, in dem er von den „Parteien" bereits erwartet wird. Er befindet sich auf dem Dachboden eines schmutzigen Mietshauses in der Vorstadt, – eine erste Veranschaulichung, daß dieses Gericht einen anderen Raum einnimmt als das offizielle Gericht im Justizpalast. Über den Vorwurf der Unpünktlichkeit, den man ihm entgegenhält, geht er hinweg; er hält eine öffentliche Besprechung ab, in der er den Mißstand des Gerichtsverfahrens an Hand seiner eigenen Erlebnisse mit den Gerichtsbehörden brandmarkt. Nachdem er den Vorgang seiner Verhaftung in allen Einzelheiten geschildert hat, wobei er die Beamten „eine korrupte Bande" und das Ganze „sinnlos" nennt, verläßt er unter dem Lärm der Versammlung den Sitzungssaal. Am folgenden Sonntag erscheint er jedoch wiederum dort, trifft aber – bis auf die Frau des Gerichtsdieners – niemand an und wird erst später von dem Gerichtsdiener in die auf dem Dachboden befindlichen Gerichtskanzleien geführt. Dort aber wird er von Ermüdung und Übelkeit überfallen und gelangt unter großen Anstrengungen mit Hilfe einer Beamtin ins Freie. – Mehr und mehr vernachlässigt er seine Berufsarbeit in der Bank, getrieben von dem Verlangen, in der Angelegenheit seines Prozesses Klarheit zu gewinnen. Eines Tages besucht ihn sein Onkel „vom Lande", zu dem bereits das Gerücht seines Prozesses gedrungen war, um ihm in seiner Sache zu helfen und ihm seinen Schulfreund, den Advokaten Huld, als Verteidiger zu empfehlen. Jedoch erweist sich der gemeinsame Besuch bei dem bettlägrigen Advokaten als verpaßte Gelegenheit: Josef K., der sich von der Pflegerin Leni im Nebenzimmer erotisch ablenken läßt, verzichtet damit auf die Chance, einen hohen Gerichtsbeamten näher kennenzulernen, der sich zu dieser Zeit im Krankenzimmer des Advokaten aufhält. Nach der Unterredung mit Huld übergibt er dem Advokaten – auf Anraten des Onkels – seine Verteidigung und gesteht damit „Zwischenträgern" zu, zwischen sich und das Gericht zu treten. Mehr und mehr verliert er durch seine Verwicklung in den Prozeß in der Bank den Boden unter den Füßen; in der Person des Direktor-Stellvertreters fühlt er sich belauert und geschädigt. Eines Tages wird ihm von einem Bankkunden der Maler Titorelli in seiner Eigenschaft als Kontaktperson zu den höheren Gerichtsbehörden empfohlen; er sucht ihn auf und erfährt Wesentliches über die Struktur des Gerichts. Titorelli informiert ihn, daß es den wirklichen Freispruch so gut wie gar nicht (nur in Legenden) gebe, statt dessen nur die Möglichkeiten des „scheinbaren Freispruches" und der „Verschleppung": ersterer bringe „eine unendliche Kettenreaktion von erneuten Verhaftungen und scheinbaren Freisprechungen", während letztere darin bestehe, „daß der Prozeß dauernd im niedrigsten Prozeßstadium erhalten wird." Josef K., dem es auf eine rasche Abwicklung des Prozesses ankommt, erkennt, daß es seinem Verteidiger, dem Advokaten Huld, gerade auf die o. bezeichnete Taktik der Verschleppung ankommt und entzieht ihm – unter dem Eindruck des Angeklagten Block, der zum Sklaven von Huld degradiert ist – seine Verteidigung. – Im vorletzten Kapitel des Romans gerät Josef K., augenscheinlich von einem mißverständlichen Auftrag seiner Bank irregeführt, in der Begegnung mit dem „Gefängniskaplan" in eine größere Nähe zum Gericht. Die Szene findet im Dom statt; seine Größe scheint „gerade an der Grenze des für Menschen Erträglichen zu liegen", und die dort herrschende Dunkelheit widerspricht der mit 11 Uhr morgens angegebenen Tageszeit. Indem der Geistliche Josef K. die Legende vom Türhüter erzählt und deutet, versucht er – aber weitgehend vergeblich – K.s Augen im Hinblick auf seinen Prozeß zu öffnen („Siehst du denn nicht zwei Schritte weit?"). – Josef K., zu erschöpft, „um alle Folgerungen der Geschichte übersehen zu können", bittet den Geistlichen um Entlassung und erfährt von ihm seine fragwürdige Freiheit: „Das Gericht will nichts von dir. Es nimmt dich auf, wenn du kommst, und es entläßt dich, wenn du gehst." Das Schlußkapitel bringt das abrupt wirkende Ende: Josef K. wird von zwei Herren „In Gehröcken, bleich und fett, mit scheinbar unverrückbaren Zylinderhüten" abgeführt und in einem verlassenen, öden Steinbruch am Rande der Stadt mit einem Fleischermesser hingerichtet. –

2. Der Aufbau des Romans

„Der Prozeß" ist, wie alle Romane Kafkas, ein Fragment, auch wenn ein Schlußkapitel vorhanden ist, zu dem sich außerdem zwei Varianten in den Tagebüchern finden. Daher können sich die Äußerungen Kafkas und Brods über das Fragmentarische des Romans auf diese Varianten und auf weitere Kapitel beziehen, die möglicherweise in den Roman hätten aufgenommen werden sollen. Im Anhang der Ausgabe von 1946 sind einige z. T. unvollendet gebliebene Kapitel mitgeteilt (z. B. Fahrt zur Mutter, Das Haus, Kampf mit dem Direktor-Stellvertreter u. a.); außerdem spricht für die o. a. Möglichkeit eine Bemerkung Max Brods: „Vor dem Schlußkapitel, das vorliegt, sollten noch einige Stadien des geheimnisvollen Prozesses geschildert werden." –

Kafka schrieb den größten Teil des Romans in den Jahren 1914/15; danach hörte die kontinuierliche Arbeit daran auf, und wir wissen nur noch von einer gelegentlichen Beschäftigung mit dem Stoff. Nach seinem Tode hinterließ er also kein vollständiges Manuskript, sondern nur eine Anzahl von Kapiteln, eingeschobenen und wieder gestrichenen Texten und viele Notizen. Zu seinen Lebzeiten wurden nur zwei Teile aus dem Gesamtkomplex des Romans von Kafka selbst zur Veröffentlichung bestimmt: 1. Josef K.s Traum, unter dem Titel „Ein Traum", in der Sammlung der Erzählungen „Ein Landarzt" (1919), von Max Brod später nicht in die Prozeß-Fassung übernommen, und 2. die Parabel „Vor dem Gesetz", ebenso in dem Erzählungsband „Ein Landarzt" 1919 veröffentlicht; sie findet sich außerdem im vorletzten Kapitel des Prozeß-Romans. –

Das Übrige kam als unvollendetes Manuskript an die Nachwelt und wurde von Max Brod sortiert und gegliedert. Inzwischen hat sich die Kafka-Forschung mit dem Problem der Anordnung in dieser Fassung eingehend beschäftigt und diese – in sehr unterschiedlicher Weise – als nicht plausibel bezeichnet. Man orientiert sich am besten über die diesbezüglichen strittigen Meinungen in Binders „Kommentar zu Kafkas Romanen"[20]). –

Der Prozeß-Roman in der von Max Brod besorgten Fassung ist in zehn Kapitel unterteilt, die jeweils einen oder mehrere inhaltsbezogene Untertitel tragen. Er ist begrenzt von einem absoluten Anfang und – im Gegensatz zum Roman „Das Schloß" – von einem mit dem Titel „Ende" klar gekennzeichneten Schluß. Josef K. wird an seinem dreißigsten Geburtstag verhaftet und genau ein Jahr später hingerichtet. Dazwischen liegt sein unablässiger Kampf gegen das bis zum Schluß unsichtbar bleibende Gericht. Dies geschieht nicht in Form einer kontinuierlichen Handlung; an Stelle einer organischen Entwicklung des Geschehens liegt eine Folge von Episoden vor, die sich jeweils auf die verschiedenen Hilfsaktionen konzentrieren, um die

[20]) vgl. Hartmut Binder, Kommentar zu den Romanen, Rezensionen, Aphorismen, Winkler Verl. München 1976, S. 160 ff.

sich Josef K. unablässig bemüht. So geht es im Grunde um eine endlose Wiederholung; obwohl jeweils andere Helfer im Spiel sind, bleibt die zugrunde liegende Konstellation in jeder Episode gleich. Damit manifestiert sich auch in der Struktur dieses Werkes die für Kafka typische Position der Hauptfigur in einer endlosen Kreisbewegung um einen Mittelpunkt: hier die Auseinandersetzung mit der allein wichtigen Aufgabe seines Prozesses. Wir wissen außerdem, wie häufig das Motiv des Kreises auch in Kafkas Aphorismen und Tagebüchern vorkommt; in diesem Werk hat es – wie o. a. – strukturelle Bedeutung: es schließt eine lineare Entwicklung des Geschehens aus. –

In dem begrenzten Zeitablauf von einem Jahr – von Josef K.s dreißigsten Geburtstag bis zur Hinrichtung – werden einzelne Episoden herausgehoben, die alle mit dem Prozeß der Hauptgestalt zusammenhängen. Die einzelnen, höchst merkwürdigen Konfrontationen der Hauptfigur mit der Gerichtsinstanz in ihren niedrigsten Vertretern gliedern den Ablauf des bezeichneten Jahres nur ungefähr und augenscheinlich zufällig; sie berichten jeweils nur von wenigen Stunden. Dabei geht der Bezug zwischen den Ereignissen verloren. – Zu den Strukturmerkmalen des Romans gehören – wie auch im „Schloß" – die großen Redepartien: gleich im ersten Kapitel findet sich das vier Seiten lange Gespräch Josef K.s mit der Zimmerwirtin Grubach, im Anschluß daran das etwa sechs Seiten lange Gespräch mit Fräulein Bürstner. Beide beziehen sich auf die Verhaftung des Bankprokuristen. Ähnlichen Inhalts sind die längeren Gespräche bis zum Schluß des sechsten Kapitels. Ab Kapitel 7 folgen die langen Redepartien des Prozeß-Romans, die die Dialoge des Anfangsteils an Länge weit übertreffen: das Advokatengespräch, die Unterredung mit Titorelli und der Dialog zwischen Josef K. und dem Geistlichen im Dom, der die Exegese der Parabel „Vor dem Gesetz" enthält.

3. Ambivalenz des Gerichts

Im Mittelpunkt von Kafkas Dichtung steht das Thema des Gerichts; es ist von einem Gesetz die Rede, das niemand kennt, von Gerichten, die das Gesetz verwalten, von Richtern und Gerichtsdienern, die dem Gesetz Geltung verschaffen, von Prozessen und Verfahren, die des Gesetzes wegen durchgeführt werden; aber der Text des Gesetzes wird niemals mitgeteilt. –

Im Zusammenhang mit dieser in Kafkas Dichtung immer gegenwärtigen Thematik des Gerichts erscheint das Thema der persönlichen Schuld und ihrer Rechtfertigung schon als ein Hauptthema des frühen Kafka, es übt — in Verbindung mit der Motivik von Verurteilung und Strafe — eine unheimliche Faszination auf diesen Autor aus. In zahlreichen frühen und späteren Erzählungen steht es im Mittelpunkt und wird gesteigert und intensiviert in seinem Roman „Der Prozeß". –

Über das Wesen der geheimnisvollen Gerichtsbehörde wird gleich im ersten Kapitel des Romans eine entscheidende Aussage gemacht: Das Gericht wird von der Schuld angezogen. Die ersten in Erscheinung tretenden Repräsentanten der unsichtbaren Gerichtsbehörde sind nur mit Vornamen versehene Wächter. Sie präsentieren sich – welchen geheimnisvollen Auftrag sie immer auch ausführen mögen – mit alltäglichen, banalen Gewohnheiten: Sie verzehren Josef K.s Frühstück, nachdem sie ihm im Einverständnis mit einer geheimnisvollen Autorität mitgeteilt haben, daß er verhaftet sei. Obwohl sich Josef K. keiner Schuld bewußt ist, sieht er sich von einer unsichtbaren Macht verhaftet und angeklagt. Entscheidend ist der Hinweis von seiten der höchst zweifelhaften Repräsentanten der Gerichtsbehörde, daß das Nichtkennen der Gesetze und die Überzeugung der Unschuld schon Grund zur Verhaftung sein können. Damit wird die Fragwürdigkeit der Gerichtsinstanz im normativen Sinne mit außergewöhnlicher Simplizität dargestellt. Wir erfahren bald noch deutlicher, daß die hier wirkende Gerichtsbarkeit mit der normativen Gerichtsbehörde so gut wie nichts zu tun hat: Auf Josef K.s Hinweis im Sinne der üblichen Verfahrensweise: „Hier sind meine Legitimationspapiere", ruft der große Wächter: „Was kümmern uns denn die?" Mit der Tatsache, daß es sich hier also keinesfalls um eine normative Gerichtsbehörde handelt, ist auch der Raum motiviert, in dem das Gericht Verhandlungen und Verhöre durchführen läßt: Auf Dachböden trümmerhafter Mietshäuser, wo Unrat und Schmutz lagern und eine schwüle, stickige Luft herrscht. Einer solchen Gerichtsbehörde kann Josef K. keine Ehrfurcht entgegenbringen. Schon bei der ersten Untersuchung hat er bemerkt, wie schmutzig die Akten sind, deren sich der Untersuchungsrichter bedient. Daß man über Josef K. ein so „schmutziges" Schuldbuch führt, scheint für dieses Gericht charakteristisch zu sein. In Josef K.s Augen ist das Gericht demnach eine korrupte Organisation, eine Instanz, die nicht nur bestechliche Wächter und verkommene Untersuchungsrichter beschäftigt, sondern auch eine hohe und höchste Richterschaft höchst fragwürdiger Natur, deren Korruption sich vor allem in einer maßlosen triebhaften Geschlechtlichkeit äußert und die von Josef K. gegenüber dem Geistlichen in der Dom-Szene als eine Schar von „Frauenjägern“ bezeichnet wird. In diesem Tatbestand bieten sich Parallelen zu der Beamtenhierarchie der Schloßbehörde an: Hier wie dort ist die höchste unsichtbare Autorität in den gebrochenen Formen irdischer Fragwürdigkeit repräsentiert. Als Beispiel besonders augenfälliger Art kann hier das Porträt des hohen Richters herangezogen werden, das der Maler Titorelli gemalt hat und über das er – im Hinblick auf das Gericht – höchst aufschlußreiche Erklärungen abgibt. Titorelli ist ein Vertrauensmann des Gerichts; er „arbeitet für das Gericht“, wie er sagt, d. h. er malt die Richter, die sich malen lassen wollen. Dabei kann er nicht willkürlich verfahren, er muß genaue Anweisungen des Gerichts befolgen. Josef K. findet beim Eintritt in Titorellis Atelier das Porträt eines Richters, der sich „gerade von seinem Thronsessel, dessen Seitenlehnen er festhielt, drohend erheben“ wollte. „In der Mitte der Rückenlehne des Thronsessels stand . . . eine große Figur“[21]), von der der Maler sagt, sie sei die „Gerechtigkeit und Siegesgöttin in einem[22]), die aber

---

[21]) Franz Kafka, Der Prozeß, S. 175.

[22]) ebd, S. 176.

am Ende nach weiterer Ausarbeitung zur Göttin der Jagd"[23]) verändert wird. Auf Befragen, ob Titorelli alles so vorgefunden habe, sagt er, daß alles „Erfindung" sei: Der Richter habe niemals auf einem Thronsessel, sondern auf einem Küchenschemel gesessen. Wenn auch die einzelnen Richter eitel und lüstern sind, so erlaube das Gericht ihnen, in dieser feierlichen Haltung gemalt zu werden. „Der Maler (aber) hat die Aufgabe, das eigentliche Wesen, die Funktion und Bedeutung des im alltäglichen Leben unsichtbaren Richteramtes künstlerisch sichtbar zu machen. D. h. er schenkt den Richtern überhaupt erst das Bewußtsein ihres Amtes und ihrer Würde."[24]) Sie werden also vom Gericht nicht in ihrer individuellen Erscheinung, sondern in ihrer amtlichen Funktion gesehen. Jenseits ihrer individuellen Erscheinungsform wird so das Wesen des Gerichts enthüllt. –

Das Gericht – ähnlich wie die Schloßinstanz in Kafkas späterem Roman – erscheint in ambivalenter Gestalt. Es erhebt einerseits den Anspruch, höchste und verbindliche Instanz zu sein, die sich den Augen der Menschen entzieht und vor der alle Argumente als nichtig gelten. Andererseits ist seine Erscheinungsweise – in den korrupten und bestechlichen Repräsentanten und an Orten voller Unreinheit und Schmutz – erfüllt von einer Atmosphäre der Triebhaftigkeit und niederer Sinnlichkeit. Nur über zahlreiche Zwischeninstanzen hinweg und repräsentiert in einer Welt „voll ihres Bodensatzes" ist es

---

[23]) ebd, S. 177.

[24]) W. Emrich, Franz Kafka, Athenäum Verlag 1961, S. 287.

– wenn überhaupt – in Spuren sichtbar, – etwa dann, wenn von dem „Glanz“[25]) die Rede ist, der aus den Räumen des Gesetzes kommt. –

4. Josef K.

Das eigentliche Thema des Romans ist das Aufeinandertreffen der Hauptfigur mit der Gegenwelt des Gerichts. Die geheime Beziehung zwischen Josef K. und der Gerichtsinstanz wird in dem Satz umschrieben, der bei der Verhaftung Josef K.s als Begründung ausgesprochen wird: „Unsere Behörde, soweit ich sie kenne, und ich kenne nur die niedrigsten Grade, sucht doch nicht etwa die Schuld in der Bevölkerung, sondern wird, wie es im Gesetz heißt, von der Schuld angezogen . . . “[26]). –

Wie in vielen Werken Kafkas wird auch hier die Hauptgestalt im einleitenden Satz von einem anonym bleibenden Beobachter vorgestellt. Das entspricht Kafkas ebenso präziser wie sparsamer Manier der Darstellung, die ohne Umschweife zur Sache kommt, sich kaum je einer erklärenden Hinführung bedient und sich an keiner Stelle unnötig aufhält. Es ist eine Prosa, der es auf möglichst genaue Wiedergabe des Gemeinten ankommt und die nicht auf Wirkung bedacht ist. Damit wird nicht gesagt, daß nicht gerade dadurch eine höchst intensive Wirkung zustande kommt. – Der Verlauf des Geschehens um die Hauptfigur Josef K. bringt uns der Erklärung kaum bzw. nicht näher, worin die Schuld

---

[25]) Franz Kafka, „Der Prozeß“, S. 263.

[26]) ebd, S. 15.

des Helden im einzelnen besteht und was das eigentliche Wesen des Gerichts ist. –

Was den Namen des Helden angeht, so wird ein Vorname angegeben, der Zuname bleibt unbekannt: er wird lediglich auf ein Initial reduziert, – ähnlich wie im „Schloß“, wo durch die Reduktion des Namens auf einen einzelnen Buchstaben (ohne Vornamen) die „Namenlosigkeit“ noch radikaler durchgeführt wird. So hat hier der nur mit einer Chiffre identifizierte Held deshalb doch noch teilweise eine personale Identität, da er im Vergleich zu der Hauptfigur des Schloßromans noch einen Vornamen hat. Es liegt nahe, die hier wie im „Schloß“ angewendete Chiffre K. als eine kaum verhüllte Chiffre Franz Kafkas selbst zu betrachten.

Josef K. wird im Rahmen seiner Alltagswelt von einem anonymen Erzähler dargestellt: er befindet sich als Prokurist einer Bank in einer angesehenen bürgerlichen Stellung.

Wie das Gericht selbst in seiner Erscheinungsform ambivalent ist, so ist auch K.s Verhalten gegenüber Verhaftung und Gericht widersprüchlich und zwiespältig. Trotz allem Überraschenden an K.s Verhaftung scheint sie ihn nicht völlig unvorbereitet zu treffen. Darauf weist etwa die Antwort auf die Frage hin, ob er durch die Vorgänge dieses Morgens sehr überrascht sei: „Gewiß, ich bin überrascht, aber ich bin keineswegs sehr überrascht.“[27]) Sogleich erkennt er allerdings, daß sich diese Aussage leicht als halbes Eingeständnis auffassen läßt, seine Ver-

[27]) ebd, S. 20.

haftung berechtigt zu finden, und beeilt sich, einem solchen Mißverständnis zuvorzukommen, indem er als Begründung seiner Antwort auf die allgemeine altersbedingte Abgeklärtheit hinweist, die einen reifen Menschen gegen alle Überraschung schütze. Gerade die umständliche Bemühung um die Rechtfertigung seiner Aussage weckt bzw. bestätigt die Vermutung, daß sich in seiner Reaktion unwillkürlich das seiner sonstigen Abwehrhaltung widersprechende Geständnis versteckt, er habe eigentlich bereits um mögliche Geschehnisse wie das seiner Verhaftung gewußt, vielleicht um Gefährdungen des täglichen Lebens, denen man wehrlos ausgeliefert ist. Weitere Äußerungen Josef K.s machen deutlich, daß er die Gültigkeit der Verhaftung eigentlich anerkennt, auch deshalb, weil er sich zu der Bemerkung hinreißen läßt: „Dieses Gesetz kenne ich nicht."[28]), wodurch er es als mögliche Wirklichkeit anerkennt. Unter diesem Aspekt sind alle seine späteren Handlungen zu verstehen, so sehr er sich „verbal" dagegen wehrt, den Prozeß ernstzunehmen. Er will sogar im ersten Augenblick daran glauben, daß man sich am 30. Geburtstage einen Spaß mit ihm erlaubt habe und daß er das Opfer einer Komödie geworden sei. Das sind jedoch Überlegungen, die seine eigene innerste Überzeugung mehr verdecken als aufheben.

Der Abwehr K.s gegenüber der Verhaftung und den Instanzen des Gerichts stehen aber nicht nur verborgene Anerkennung, sondern geradezu auch Anziehung und Faszination durch diese Instanzen ge-

---

[28]) ebd, S. 15.

genüber: das Verhalten K.s gegenüber Verhaftung und Prozeß ist ebenso ambivalent wie Erscheinung und Wesen des Gerichts selbst. Die Bemerkung Fräulein Bürstners ihm gegenüber geht in diese Richtung: „Das Gericht hat eine eigentümliche Anziehungskraft, nicht?"[29]) Skepsis und Kritik bekämpfen die Anziehungskraft, heben sie aber nicht auf. Wie durch unbestimmte Kräfte gezogen, wie in stillem Einverständnis mit dem Gericht, findet K. den unbekannten Weg in den Untersuchungssaal und in die Kanzleien wie von selbst. Er nimmt die Herausforderung des Gerichts zur Auseinandersetzung mit ihm an, läßt sich vom ersten Augenblick mit ihm ein und ist so schon zu diesem Zeitpunkt nicht mehr frei, sondern dem Prozeß als der Auseinandersetzung mit der Gerichtswelt verhaftet. K. ist von Anfang an der Spannung von Ablehnung und Anerkennung gegenüber dem Gerichtsverfahren ausgesetzt. Unentwegt versucht er den Grund seiner Verhaftung ausfindig zu machen und etwas über den Prozeß zu erfahren; alles, was um ihn herum geschieht, hat nur Bedeutung für ihn, wenn es auf seinen Prozeß bezogen ist. Unter diesem Aspekt ist auch das verstärkte Interesse zu deuten, das Josef K. an den Frauen nimmt und das sich in der deutlichen Erotisierung der gesamten Umgebung anzeigt. Ganz besonders gilt das für die neu erwachte Aufmerksamkeit für seine Zimmernachbarin Fräulein Bürstner, für die sexuelle Anziehung, die die Frau des Gerichtsdieners auf ihn ausübt und vor allem für das triebhafte Gebundensein an Leni, Stubenmädchen und Pflegerin des Advokaten. Josef K.

---

[29]) ebd, S. 38.

vertritt die Meinung, daß die Frauen die Rollen von Helfern vor der Gerichtsinstanz innehaben. Dies spricht er dem Gefängniskaplan gegenüber aus: „Die Frauen haben eine große Macht. Wenn ich einige Frauen, die ich kenne, dazu bewegen könnte, gemeinschaftlich für mich zu arbeiten, müßte ich durchdringen. Besonders bei diesem Gericht, das fast nur aus Frauenjägern besteht."[30]) Aber nicht nur der Geistliche, sondern auch die Ereignisse selbst haben der von K. geäußerten These widersprochen. Die Frauen, die sich ihm genähert haben, brachten nicht Hilfe, sondern Schaden. Ein deutliches Beispiel dafür ist seine Beziehung zu Leni. K. steht unter ihrem Bann und hofft, durch sie schneller zum Advokaten und damit zu einem erfolgreichen Ausgang seiner Gerichtssache zu gelangen. Leni erkennt sofort seine Schwäche und drängt sich ihm sexuell auf, so daß er sich aus dieser Anziehungskraft kaum lösen kann. Aber gerade durch die sexuelle Hörigkeit verpaßt er die Chance, die nähere Bekanntschaft eines höheren Gerichtsbeamten zu machen. Hier ist es ähnlich wie im späteren Schloßroman: die angestrebten Hilfen sind keine Hilfen, sondern eigentlich Hindernisse und Schädigungen der Sache. Und dennoch bleibt diese Hoffnung auf Hilfe in geradezu beschwörender Weise noch in den letzten Augenblicken vor K.s Tod bestehen: wir erinnern an die seltsame Erscheinung der Figur am offenen Fenster: „Seine Blicke fielen auf das letzte Stockwerk des an den Steinbruch angrenzenden Hauses. Wie ein Licht aufzuckt, so fuhren die Fensterflügel eines Fensters dort auseinan-

---

30) ebd, S. 253.

der, ein Mensch, schwach und dünn in der Ferne und Höhe, beugte sich mit einem Ruck weit vor und streckte die Arme noch weiter aus. Wer war es? Ein Freund? Ein guter Mensch? Einer, der teilnahm? Einer, der helfen wollte? War es ein Einzelner? Waren es alle? War noch Hilfe? Gab es Einwände, die man vergessen hatte? Gewiß gab es solche. Die Logik ist zwar unerschütterlich, aber einem Menschen, der leben will, widersteht sie nicht. Wo war der Richter, den er nie gesehen hatte? Wo war das hohe Gericht, bis zu dem er nie gekommen war? Er hob die Hände und spreizte alle Finger.“[31])

Uns erscheint die hier zitierte Stelle – inhaltlich und formal – in höchstem Maße aufschlußreich, – zwar nicht im Sinne einer Aufhellung des undurchdringlichen Gerichts, sondern eher in der hier vollzogenen Mitteilung, daß es eine Aufhellung überhaupt nicht gibt, der Mensch aber dennoch – spes contra spem – der Hilfe und der Erhörung durch das „hohe“ Gericht (man beachte das Attribut!) in seiner Sehnsucht immer bedürftig ist. Motivisch auffällig erscheint das Bild des aufzuckenden Lichts, eine Seltenheit in der trüben und dunklen Atmosphäre Kafkascher Innen- und Außenräume, auffällig ebenso das Auftreten von Begriffen, die im gesamten Roman ausgespart sind: Teilnahme, Freund, Hilfe, helfen. — Formal bemerkenswert ist die für Kafka typische, auch in seinen Tagebüchern häufiger auftretende Kette von kurzen und drängenden Fragen, die sich selbst vorantreiben, – mit einer einzigen Antwort, eingeleitet mit dem Wort „Gewiß“, das in

[31]) ebd, S. 271 f.

der Kafkaschen Welt zwar existiert, aber nicht „beim Wort" genommen werden kann. Zum Schluß die Gebärde der erhobenen Hände mit den gespreizten Fingern, die Binder dahingehend deutet: „So mag Josef K. hier das Urteil annehmen, es bejahen und den Tod aus den Händen des Gerichts begrüßen."[32]) – Das Problem der Schuld im Verhalten von Josef K. wird bei der Einzelanalyse der Parabel „Vor dem Gericht" näher erläutert. –

5. Die Mittler-Figuren

Neben den Frauen, von denen Josef K. vergeblich Hilfe erwartet, begegnet er in der Verfolgung seiner Angelegenheit drei Figuren, die mehr oder minder in die Belange der Gerichtsinstanz eingeweiht sind: dem Advokaten Huld, dem Maler Titorelli und dem Gefängnisgeistlichen. Zu dem Advokaten Huld gerät er durch die Vermittlung seines Onkels, der mit ihm bekannt ist und sich von seiner Verteidigung Josef K.s Erfolg für den Ausgang des Prozesses verspricht.

Die beiden ersten Figuren sind von der Namengebung her mehr oder minder bemerkenswert: *„Huld"* und *„Titorelli"*, während der *Geistliche* zu den Gestalten des Prozesses gehört, die namenlos bleiben (wie z. B. auch der Direktor-Stellvertreter, der Fabrikant und andere). Den Advokaten beschreibt der Onkel, der sich aus Familiengründen in die Angelegenheit seines Neffen einmischt und die Prozeß-Af-

---

[32]) Hartmut Binder, Kafka-Kommentar zu seinen Romanen, a.a.O. S. 259.

färe sofort als einen Strafprozeß klassifiziert, als einen „Verteidiger und Armenadvokaten", der einen bedeutenden Ruf genießt. Dr. Huld tritt im Roman als körperlich geschwächt und bettlägrig auf, – er empfängt seine Klienten vom Bett aus. Eine Parallele zum Schloßroman drängt sich hier auf: geschwächte Körperlichkeit bedeutet im „Schloß" (s. der Vorsteher u. vorübergehend Gardena!) wie im „Prozeß" größere Nähe zu den höchsten Instanzen. „Huld" ist ein redender Name, der einen bestimmten Sinn eben durch die besondere Namengebung suggeriert. Emrich betont diesbezüglich, daß der Advokat seine Klienten auf das Unbegreifliche der „Huld" verweist, auf eine unausdenkbare „Gnade", die geschenkt, eine Hilfe, die geleistet werden kann, wenn sich der Klient ergibt, wenn er ins Geschick einwilligt, „seine Unnachgiebigkeit" preisgibt.[33]) Auch Greenberg betont, daß der Name „Huld" die Aufgabe, die er als Advokat im Prozeß einnimmt, miteinschließt: „He not only offers to carry his clients through their earthly trial, but to go supporting them after judgment has been passed – that is, to secure for them what his name promises, „clemency, grace" . . . "[34])

Trotz der besten Absicht des Onkels wird durch seine Vermittlung die Sache des Prozesses eher kompliziert: er beeinflußt die Wahl des Advokaten und trägt damit wesentlich dazu bei, daß der Prozeß negativ ausgeht. Als nämlich Josef K. – angesichts der

---

[33]) vgl. Wilhelm Emrich, Kafka, a.a.O. S. 380.

[34]) Martin Greenberg. The Terror of Art. Kafka and Modern Literature. New York, 1968, S. 497.

Figur des zugrunde gerichteten Kaufmanns Block – sieht, wohin die erhoffte Hilfe des Advokaten Huld in diesem Parallelfall geführt hat, entzieht er ihm die Verteidigung. –

Als weiterer Mittelsmann zwischen Gericht und Angeklagtem ist *Titorelli,* der Porträtmaler des Gerichts, zu nennen. Auch er ist durch eine im Rahmen des Ganzen auffällige Namengebung gekennzeichnet. In der Arbeit von Elizabeth M. Rajec über die Bedeutung der Namen in Kafkas Werk[35]) findet sich eine Zusammenfassung vieler möglicher Deutungen des italienischen Namens „Titorelli", der der Autorin in der Prager Atmosphäre des Romans auffallend fremdklingend erscheint. Sie erwähnt u. a. Deutungen auf eine mögliche mythische Verbindung Titorelli-Titurel hin, die Uyttersprot[36]) vermutet, und auf die auch Weinberg[37]) hinweist. Uns erscheint die höchst detaillierte und komplizierte Namenanalyse, wie sie hier unternommen wird, zu sehr auf die Spitze getrieben. Wir erinnern in diesem Zusammenhang an ein Gespräch zwischen Franz Kafka und Max Brod, das bei Hartmut Binder zitiert ist: „Gegen derartige Ausdeutungen, die in Kafkas mehrfach belegter Neigung zu Wortspielen und einigen Namengebungen in Erzählungen (Raban, Bendemann, Samsa und Gracchus sind Kryptogramme für Kafka!) eine Stütze finden, be-

---

[35]) vgl. Elizabeth M. Rajec, Namen u. ihre Bedeutungen im Werke Franz Kafkas, S. 146 ff.

[36]) Hermann Uyttersprot, The Trial: Franz Kafka Today. Madison Univ. of Wisconsin Press, 1964, S. 144.

[37]) vgl. Kurt Weinberg, Kafkas Dichtungen, Bern 1963, S. 128/9.

merkt Max Brod: „Die Skizzenhaftigkeit der Niederschriften Kafkas in jener Periode, in der der Gedanke einer Drucklegung ihm ganz fernlag, geht unter anderem aus den Eigennamen hervor, die er verwendet. Er nahm sie einfach aus der Lektüre, die ihn gerade beschäftigte."[38])

Die Unterredung mit Titorelli nimmt einen Teil des 7. Kapitels ein. Josef K. erfährt seinen Namen bzw. Künstlernamen (sein wirklicher Name wird nicht erwähnt) von einem Fabrikanten, der ihn eines Tages in der Bank aufsucht. In diesem Gespräch erhält K. die wichtige Mitteilung, daß der Fabrikant durch eben diesen Maler von seinen Prozeß in Kenntnis gesetzt wurde. Titorelli ist also eine Figur, die in die Sachen des Gerichts eingeweiht ist. „Er arbeitet für das Gericht", heißt es wörtlich im „Prozeß"[39]). Vom Fabrikanten erhält Josef K. den Hinweis, daß der Maler ihm bei Gericht behilflich sein könne, da er viele Richter kennt und ihre Porträts malt. Er steht in engen persönlichen Beziehungen zu ihnen, weshalb es ihm möglich ist, sie leicht zu lenken. Sein Atelier – im Dachgeschoß eines verwahrlosten Mietshauses gelegen – grenzt unmittelbar an die Gerichtskanzleien. In ihm herrscht die gleiche stikkige, kaum atembare Luft wie in den Kanzleien.

So eng Titorelli als „Vertrauensmann" mit dem Gericht verbunden ist, so ist er dennoch nicht im eigentlichen Sinne abhängig von seinen hohen Auftraggebern, da diese ihn brauchen und auf ihn an-

---

[38]) Hartmut Binder, Kafka Kommentar zu seinen Romanen, a.a.O. S. 299 f.

[39]) Franz Kafka, „Der Prozeß", S. 100.

gewiesen sind. So schwebt er zwischen der Gerichtsinstanz und den Angeklagten, ist eingeweiht, aber ohne gerichtliche Funktion und kann in dieser freien und unbefangenen Position als geeigneter Mittler und als Zwischeninstanz wirken. Im Gegensatz zum Advokaten fühlt sich K. in der Beziehung zu ihm freier und ungezwungener. Die Hilfe, die er von Titorelli erwartet, ist nicht eine Versklavung wie beim Advokaten, der ihn trägt und der Eingaben für ihn schreibt, sondern die Eröffnung der Möglichkeit, von ihm zum Richter geführt zu werden.

Dieser Mittelsmann – eine zentrale Schlüsselfigur des Romans – teilt Josef K. mit, daß das Gericht niemals von der Überzeugung abzubringen sei, daß der Angeklagte schuldig ist. Wirkliche Freisprechungen gäbe es nur in Legenden. Dieser vernichtenden Wahrheit muß Josef K. sich stellen.

Was erkennt K. auf Grund des Gespräches? Jedes auf Erden mögliche Verfahren „verhindert die wirkliche Freisprechung". Diese Einsicht bestätigt Titorelli: „Sie haben den Kern der Sache erfaßt"[40]), heißt es in diesem wichtigen Gespräch. Die Entscheidung Josef K.s zu einer freiwilligen Selbstverurteilung wäre eine mögliche Konsequenz. K. zieht eine näher liegende: Er entschließt sich, Huld endgültig zu kündigen. –

Unter den Mittelspersonen, die in Beziehung zu dem unsichtbaren Gericht stehen, scheint der Gefängnisgeistliche am meisten in dessen Praktiken eingeweiht. Das zeigt sich schon in seiner Klassifizie-

---

[40]) ebd, S. 195.

rung als „Gefängnis-Geistlicher", durch die er expressis verbis mit Gesetz und Gericht verbunden ist. Er ist durch keinen Namen gekennzeichnet, sondern lediglich durch seine Funktion bestimmt. Im Roman steht er an exponierter Stelle: im Kapitel vor der Hinrichtung. Ihm ist zugleich die Deutung der Parabel „Vor dem Gesetz" in den Mund gelegt. Sein Auftreten findet in einer Atmosphäre statt, die in den Hell-Dunkel-Effekten des Kirchenraumes den Glanz des Feierlichen trägt, wie sie sonst in der Prozeß-Welt nicht vorkommt. Im Gegensatz zu den geplanten und vorbereiteten Treffen mit den übrigen Mittelspersonen des Gerichts ist die wichtige Begegnung mit dem Geistlichen – laut Vorgeschichte – augenscheinlich zufällig. Josef K. hat vom Bankdirektor den Auftrag, sich mit einem italienischen Geschäftsfreund um 11 Uhr vormittags im Dom zu treffen. Statt des vergeblich erwarteten Italieners erscheint der Gefängniskaplan.

Über die Person des Geistlichen werden detaillierte Aussagen gemacht: „Der Geistliche – ein Geistlicher war es zweifellos, ein junger Mann mit glattem, dunklem Gesicht – . . . "[41]) Seine Stimme suggeriert – kaum überhörbar – die biblische Stimme des jüngsten Gerichts: „Eine mächtige, geübte Stimme. Wie durchdrang sie den zur Aufnahme bereiten Dom!"[42])

Der große Dialog zwischen dem Geistlichen und Josef K. wird durch den namentlichen Anruf des Angeklagten eingeleitet: „Es war aber nicht die Ge-

---

[41]) ebd, S. 249.

[42]) ebd, S. 251.

meinde, die der Geistliche anrief, es war ganz eindeutig, und es gab keine Ausflüchte, er rief: ‚Josef K.!‘“[43]) Es steht eindeutig fest, daß er der Gemeinte ist. Auf Befragen, wie sich der Geistliche das Ende des Prozesses vorstelle, folgt die vernichtende Antwort: „. . . ich fürchte, es wird schlecht enden“, wobei aber auch dieser Aussage keine absolute Gewißheit zukommt, da sie mit dem Satz eingeschränkt wird, daß er es zwar fürchte, aber nicht wisse. Immerhin kennt er die Meinung des Gerichts: „Man hält dich für schuldig, . . .“[44]). Aber trotz dieses Hinweises entscheidet sich Josef K. dafür, die Möglichkeit einer Schuld in seinem Fall auszuschließen: „Ich bin aber nicht schuldig, . . . “[45]), was den Geistlichen zu der Bemerkung veranlaßt, daß er gerade darin die Bestätigung seiner Schuld sähe. – Unter allen Exponenten des Gerichts ist es der Geistliche, der trotz seiner vernichtenden Aussagen Josef K. das meiste Vertrauen einflößt, da er kein Vorurteil gegen ihn hat: „Ich danke dir, sagte K., alle anderen aber, die an dem Verfahren beteiligt sind, haben ein Vorurteil gegen mich.“[46]) –

6. Das Raum- und Zeitverständnis im Roman

Wie sieht es im Roman mit dem herkömmlichen Verständnis von „Raum“ und „Zeit“ aus? Mit anderen Worten: „Wo und wann spielt der Roman?“ Sogleich spürt man — im Hinblick auf den Prozeßroman — wie

[43]) Franz Kafka, „Der Prozeß“, S. 251.

[44]) ebd, S. 252.

[45]) ebd, S. 253.

[46]) ebd, S. 253.

wenig relevant solche Fragen hier eigentlich sind. Walser ist in seiner Kafka-Studie diesbezüglich zu dem Schluß gekommen, daß z. B. „Der Raum lediglich als Ausdruckselement erscheint und als solches der funktionalen Konstruktion dient.“[47]) Daraus wäre zu folgern, daß der geographisch zu fixierende Raum in den hier erzählten Zusammenhängen keine Rolle spielt. –

Dennoch gibt es Anknüpfungspunkte an beschriebene Räume, die sich empirisch verstehen oder gar geographisch lokalisieren lassen. Das kann bei Kafka gelegentlich so deutlich sein wie in der Erzählung „Der Jäger Gracchus“, die stellenweise den italienischen Ort Riva topographisch sehr genau erkennen läßt.[48])

Der Prozeßroman gibt dem Nicht-Prager keine deutlichen lokalen Hinweise, läßt aber den Einheimischen auch die nicht benannten Orte wiedererkennen, so z. B. im Kapitel „Im Dom“, wo der Prager St. Veitsdom durch Detailschilderungen bestimmt ist (s. Grabmal des Johannes von Nepomuk!). Die Größe der Kathedrale, von der in diesem Kapitel die Rede ist, kann – laut Binder[49]) in Anlehnung an den Mailänder Dom in die Vorstellung des Dichters miteingegangen sein. Über dieses Bauwerk, das Kafka sehr beeindruckt hat, schreibt er in seinem Tage-

---

[47]) vgl. Martin Walser, Kafka, Beschreibung einer Form, a.a.O. S. 125.

[48]) vgl. Hartmut Binder, Kommentar zu sämtlichen Erzählungen, Winkler Verl. München, 1975, S. 193 ff.

[49]) vgl. Hartmut Binder, Kafka-Kommentar zu den Romanen, a.a.O. S. 240.

buch: „Verlangen, ein Architekturbild des Doms zu liefern, weil der Dom rundherum eine reine Darstellung der Architektur ist, im größten Teil keine Bänke, wenige Standbilder an den Säulen, wenige und nur dunkle Bilder an den fernen Wänden und die einzelnen Besucher auf den Bodenplatten als Maßstäbe seiner Größe aufgestellt sind oder als Maßstäbe seiner Ausdehnung sich bewegen."[50])

Aber trotz der Anknüpfungspunkte an die Realität der Erfahrung sind wir mit Walser der Meinung, daß die physikalisch-empirischen Gegebenheiten des Raumes im Rahmen des Erzählzusammenhangs hier ihre Gültigkeit eingebüßt haben. Die Räume, wie sie im Prozeßroman in Erscheinung treten, sind Funktionen des Gerichts: Dachböden, fensterlose Kammern, schmale Korridore, Hinterhöfe. In ihrer Enge suggerieren sie – funktional – die Räumlichkeiten von Zellen, die in der Vorstellung von Käfigen mit Gitterstäben gipfeln, wie wir sie auch in zahlreichen Erzählungen Kafkas finden (z. B. „Der Schlag ans Hoftor", „Ein Bericht für eine Akademie" u. a.). Landschaftsbilder und vegetative Vorstellungen spielen im „Prozeß" – wie auch bei Kafka im allgemeinen – keine wesentliche Rolle.

Atmosphärisch ergänzend zu dieser Enge der Raumvorstellung, wie sie die Lokalitäten des Gerichts zeigen, ist die stickige, dumpfe, schwere, nicht atembare Luft, die in diesen Räumen herrscht und die besonders den Angeklagten zu schaffen macht, während die Angehörigen des Gerichts keine Reaktionen spüren. In ihrer Arbeit über Kafkas

---

[50]) Franz Kafka, Tagebücher, S. 616.

Raumvorstellungen im Prozeßroman weist Gesine Frey darauf hin, daß es in den Räumen des Gerichts „keine Einmaligkeit"[51]), sondern „nur die ständige Wiederholung des Immergleichen"[52]) gibt; alle Gänge, Stockwerke setzen sich ins Unendliche fort. „Wieder einmal ist hier der wirkliche Raum, der den Rahmen des Romans bildet, um der inneren Bedeutung willen gesprengt worden."[53])

Wie durch den Raum der Großstadt und ihren Vorstädten eine äußere Einheit des Ortes gewährleistet wird, so wird auch ein streng begrenzter Rahmen der linearen Zeit gegeben: Der Prozeß spielt sich genau innerhalb eines Jahres ab, es ist das Jahr zwischen Josef K.s 30. und 31. Geburtstag. Wir erfahren außerdem noch eine exakte zeitliche Begrenzung: Die Kündigung des Advokaten erfolgt, als der Prozeß zur Hälfte abgelaufen ist. („Ihr Prozeß ist ein halbes Jahr alt, nicht wahr?" P. S. 211).

Was das Zeitverhältnis im Roman angeht, so scheint es auf den ersten Blick hier um den normativen Ablauf eines Jahres zu gehen. Innerhalb des angegebenen Kalenderjahres scheinen sich die Jahreszeiten zu verändern: der Geburtstag scheint jahreszeitenmäßig auf Sommeranfang (oder Frühlingsende) festgelegt zu sein (P. S. 27 u. S. 277). Ein weiterer Hinweis auf die Jahreszeit enthält das 3. Kapitel, in dem der Fabrikant über den „häßlichen

---

[51]) Gesine Frey, Der Raum und die Figuren i. F. Kafkas Roman „Der Prozeß".

[52]) ebd, S. 203.

[53]) Gesine Frey, Der Raum u. die Figuren in F. Kafkas Roman „Der Prozeß", a.a.O. S. 203.

Herbst" klagt; es fällt Schnee, was aber nur bedingt jahreszeitlich gemeint sein kann (s. der Roman „Das Schloß", in dem die Rede davon ist, daß manchmal auch im Sommer Schnee fällt.) Dieser Tatbestand unterstützt die Auffassung Gesine Freys, „daß die Hinweise auf die Jahreszeit weniger der Einordnung der betreffenden Kapitel in das zeitliche Schema als vielmehr einer stimmungsmäßigen Untermalung der einzelnen Szenen dienen sollen."[54]) Daß die Zeit nicht im Sinne einer Entwicklung gesehen wird, wurde bereits bei der Betrachtung der Erzählepisoden festgestellt. Wenn auch kein durchgängig vollkommenes Stehenbleiben eintritt, so sind die dargestellten Szenen im wesentlichen Wiederholungen der gleichen Bemühungen Josef K.s, und von einem Fortschritt kann nicht gesprochen werden. Immerhin gibt es aber eine Szene im Roman, wo ein vollkommenes Stehenbleiben der Zeit dargestellt wird: Es ist die Fortsetzung der Prügelszene, als K. am nächsten Tag in den Raum zurückkehrt, wo vorher die Prügelszene stattgefunden hat. „Vor dem, was er statt des erwarteten Dunkels erblickte, wußte er sich nicht zu fassen. Alles war unverändert, so wie er es am Abend vorher beim Öffnen der Tür gefunden hatte."[55]) Die Wirklichkeit ist hier aus dem Ablauf der Zeit herausgenommen und zu einem beklemmenden Bild erstarrt. –

---

[54]) ebd, S. 208.

[55]) Franz Kafka, „Der Prozeß", S. 110.

7. „Ein Traum“ und „Vor dem Gesetz“ in ihrer Bedeutung für den Prozeßroman

Zur Einordnung der Texte

„Ein Traum“ findet sich unter diesem Titel als Traum Josef K.s in der Sammlung der Erzählungen „Ein Landarzt“ (1919); er ist neben der Türhüterlegende „Vor dem Gesetz“ das einzige Stück aus dem Prozeß, das Kafka selbst dem Druck übergab. Im Gegensatz zu der Türhüterlegende wurde „Ein Traum“ nicht in den Prozeßroman übernommen; sein Zusammenhang mit ihm steht aber außer Zweifel. Es bestehen Motivbeziehungen zum Kapitel „Im Dom“ (Gefängnisgeistlicher und Grabkapelle) und auch zum letzten Kapitel „Ende“. Binder weist außerdem darauf hin, „daß die Verwandlungsszene in dem nach dem 8. Kapitel einzuordnenden Fragment „Das Haus“ mit dem „Traum“ und dem letzten Romankapitel einen Verweisungszusammenhang bildet, der Josef K.s absteigende Lebenslinie zeigt“[56]). Parallelen bieten sich an in der Funktion Titorellis und der Künstlerfigur im „Traum“ ebenso wie in den Lichterscheinungen beider Szenen. –

Die Parabel „Vor dem Gesetz“ erscheint in der Gesamtausgabe von Kafkas Werken an zwei Stellen:

1. Im 9. Kapitel des Romans „Der Prozeß“, den Kafka 1914 begonnen, aber nicht vollendet hat, und der 1925 von Max Brod, bearbeitet und neu geordnet, herausgegeben wurde.

---

[56]) Hartmut Binder, Kafka Kommentar zu sämtlichen Erzählungen, a.a.O. S. 182.

2. In dem Erzählungsband „Ein Landarzt", den Kafka 1919 noch selbst veröffentlichte.

Wie aus den einleitenden Bemerkungen bereits deutlich wird, können beide Texte im eigentlichen Sinne nur in unmittelbarem Zusammenhang mit dem Prozeß-Roman gedeutet werden. Dies gilt in besonderem Maße von der Türhüterlegende „Vor dem Gesetz", die im Anschluß an ihre Wiedergabe vom Gefängnisgeistlichen kommentiert und ausgelegt wird. –

„Ein Traum"

Pongs nennt das Sprachstück „Ein Traum" eine parabelhafte Kurzgeschichte von höchstem künstlerischen Rang. „Das Paradox-Anziehende und zugleich Absurde liegt darin, daß es Wunsch- und Schrecktraum zugleich ist."[57]) Ein Spaziergang führt K. im Traum auf den Friedhof: in schwebender Haltung gleitet er auf einem der gewundenen Wege dahin und faßt haltsuchend einen Grabhügel ins Auge, der einmal fern und durch Fahnen verdeckt, dann aber ganz plötzlich neben ihm auftaucht. Zwei Männer halten einen Grabstein zwischen sich in der Luft und stoßen ihn dann in die Erde, wo er wie festgemauert steht. Im Mittelpunkt dieser Traumvision steht ein dritter Mann, der hinter dem Gebüsch auftaucht und den K. als Künstler erkennt. Der Text gibt die Gebärde des Künstlers detailliert an: Er be-

[57]) Hermann Pongs, der Prozeß als Selbstgericht, in: Franz Kafka, Dichter des Labyrinths, Heidelberg 1960, S. 38.

ginnt mit einem Stift auf den Grabstein die Worte zu schreiben: „Hier ruht" – „Jeder Buchstabe erschien rein und schön, tief geritzt und in vollkommenen Gold."[58]) Dann aber zögert er und schaut K. an, augenscheinlich dadurch gehemmt, daß K. noch unter den Lebenden weilt und der Tätigkeit des Malers verständnislos zuschaut. In seinem Traum weint K. über das offensichtliche Mißverständnis zwischen ihnen, das den Maler in diese peinliche Lage gebracht hat. Der Künstler beginnt von neuem, auf dem Grabstein zu malen, bringt aber nur einen zitternden Schriftzug „J" ohne Goldglanz zustande. Erst als er darüber in Wut gerät, wird es Josef K. klar, was er versäumt hat und was seine Pflicht ist. Während er in das offene Grab springt, sieht er noch, wie sein eigener Name „mit mächtigen Zieraten über den Stein jagt"[59]) und erwacht, „entzückt von diesem Anblick"[60]). –

Es ist offensichtlich, was der Traum meint: die Selbsterlösung im freiwilligen Tod, dem die Vergoldung des Namens folgt. Eine solche Selbsterlösung, wie sie Josef K. in der Traumvision zuteil wird, gönnt Kafka seinem Helden im Roman nicht: dieser stirbt „wie ein Hund". Zwar wird – und das verbindet beide Texte motivisch – auf eine solche Möglichkeit im Schlußkapitel hingewiesen: „K. wußte jetzt genau, daß es seine Pflicht gewesen wäre, das Messer, als es von Hand zu Hand über ihm schweb-

---

[58]) Franz Kafka, Ein Traum, Erzählungen, S. Fischer Verlag 1961, S. 153.

[59]) ebd, S. 154.

[60]) ebd, S. 154.

te, selbst zu fassen und sich einzubohren."[61]) Doch kann er sich – im Gegensatz zum „Traum" – in der Roman-Realität nicht dazu durchringen. Kafka hat diese „Selbsterlösung" nur im Traum zugelassen; er hat diese Vision nicht in den Romanzusammenhang übernommen. Warum er so gehandelt hat, läßt sich nicht eindeutig bestimmen, weshalb diese Frage für uns offen bleibt. Wir zitieren hier zum Abschluß unserer Textbetrachtung Emrichs Auffassung dieses Problems: „Er will den Einbruch der universellen, das normierte Bewußtsein durchkreuzenden Mächte gerade nicht als bloße unwirkliche Traumvisionen, sondern als höchst ‚alltägliche Verwirrungen' und Realitäten verstanden haben, ähnlich wie es von der ‚Verwandlung' Gregor Samsas in einem Käfer heißt: ‚Es war kein Traum.'"[62])

„Vor dem Gesetz"

Die Türhüterlegende hat in der von Kafka selbst besorgten unabhängigen Veröffentlichung im Erzählungsband „Ein Landarzt" die Überschrift „Vor dem Gesetz". Im Roman wird die Erzählung vom Türhüter – ohne Titel – in den Situationszusammenhang gestellt; sie wird im Anschluß an Josef K.s Täuschung gegenüber dem Gericht vom Gefängnisgeistlichen erzählt und folgendermaßen eingeleitet: „In den einleitenden Schriften zum Gesetz heißt es von dieser Täuschung: Vor dem Gesetz steht ein Türhüter. ... ". Damit wird durch die bedeutsamste

---

[61]) Franz Kafka, „Der Prozeß", S. 271.

[62]) Wilhelm Emrich, Kafka, a.a.O. S. 270.

Mittlerfigur des Gerichts selbst das Schicksal Josef K.s mit dem „Mann vom Lande“ in Parallele gesetzt. Im Anschluß an die Wiedergabe der Geschichte folgt die Diskussion über ihren Sinn, sie kann als der Versuch einer Exegese des Textes gelten. —

Im Zusammenhang mit der Türhütergeschichte fällt die Kennzeichnung als „Legende“[63]) auf; der Begriff wird an dieser Stelle zur Bezeichnung bloß ausgedachter Sachverhalte gebraucht, deren Sinnzusammenhang dunkel ist. Kafka benutzt den Begriff häufiger in dieser Weise. „In Anlehnung an den literarhistorischen Gebrauch war der Ausdruck für Kafka wohl vor allem inhaltlich bestimmt, er umschreibt Begebenheit oder Lebensgeschichte eines frommen Mannes in alter Zeit.“[64]) Im Hinblick auf Einflüsse bezüglich der Entstehung dieser Legende findet Binder [65]) Anknüpfungen bei Werfel, der den Begriff „Türhüter“ verwendet.

Die Legende oder Parabel – wie immer man sie nennen mag – enthält folgenden Sachverhalt: Ein Mann vom Lande nähert sich dem Gesetz, findet aber die Eingangstür von einem Türhüter bewacht. Der Mann will hineingehen, aber der Türhüter verbietet ihm den Eintritt für den gegenwärtigen Augenblick, läßt aber auf Befragen des Mannes die Möglichkeit des Eintritts für einen späteren Zeitpunkt bestehen. Da die Tür zum Gesetz offensteht, kann der Mann, wenn er sich bückt, in das Innere sehen. Der Türhü-

---

[63]) Franz Kafka, Tagebücher, S. 448.

[64]) Hartmut Binder, Kommentar zu den Romanen, a.a.O. S. 242.

[65]) ebd, S. 242.

ter, trotz seines Verbotes, im Augenblick das Gesetz zu betreten, hindert ihn nicht daran, fordert sogar den Mann auf, trotz des Verbotes, einzutreten, warnt ihn aber zugleich davor, da er mächtig sei und im Innern des Gesetzes noch viel mächtigere Türhüter wären. Angesichts dieser Hindernisse, mit denen der Mann vom Lande nicht gerechnet hat, beschließt er zu warten, setzt sich und wartet den Rest seines Lebens vor der offenen Tür. Während dieser Wartezeit läßt er sich auf endlose Gespräche mit dem Türhüter ein, versucht ihn zu bestechen und fleht sogar die Flöhe im Pelzkragen des Hüters um Hilfe an. Kurz vor seinem Tode gewahrt er einen Glanz, der unverlöschlich aus dem Innern des Gesetzes bricht. Bevor er stirbt, fragt er den Türhüter, warum auch kein anderer je Einlaß in das Gesetz begehrt habe und erhält die Antwort, daß diese Tür nur für ihn bestimmt gewesen sei. –

Wie bereits o. bemerkt, kann die Geschichte vom Türhüter nur als eine Parallele zur Grundsituation Josef K.s verstanden werden. Aber auch dann bleibt noch zuviel ungeklärt, als daß an eine exakte Deutung der Legende zu denken wäre. Wir erfahren weder etwas vom Wesen des Gesetzes noch von der Beziehung des Türhüters zum Gesetz; auch wird nicht deutlich erklärt, worin die Täuschung K.s im Hinblick auf das Gericht eigentlich besteht. So viel ist jedenfalls evident: Der Geistliche gibt in der nachfolgenden Texterläuterung zu verstehen, daß er das Verhalten des Mannes vom Lande bzw. Josef K.s in gewisser Hinsicht mißbilligt. Wir finden hier den Mann vom Lande in einer für viele Gestalten Kafkas charakteristischen Haltung vor dem Durchschreiten einer Tür: Die Gewißheit, einen anderen Wesensraum zu betreten, wird von Zögern, Entschlußlosigkeit und Angst begleitet.[66]) „Die grundsätzliche Veränderung in K.s Haltung gegenüber dem Gericht bestünde wohl darin, daß er sich seiner Freiheit bewußt würde, daß er sich aus der Umklammerung der ambivalenten Auseinandersetzung mit den ihm begegnenden Gerichtsexponenten, seinem Türhüter, befreite, Übersicht gewänne und selbständig würde."[67]) Das kann aus der Mahnung des Gefängniskaplans gefolgert werden: „Du mußt nicht zuviel auf Meinungen achten."[68]) und vorher: „Du suchst zuviel fremde Hilfe".[69]) Eine Tagebuchnotiz aus dem Jahre 1913 – also zur Zeit der Niederschrift des Prozesses – kann zu der Deutung des o. betrachteten Verhaltens des Mannes vom Land bzw. Josef K.s herangezogen werden: „Narrheit in jedem geradeaus strebenden, alles andere vergessen machenden Gefühl sehen. Was ist dann Nicht-Narrheit? Nicht-Narrheit ist, vor der Schwelle, zur Seite des Eingangs bettlerhaft stehen, verwesen und umstürzen."[70]) Es ist unschwer zu erkennen, daß — in Umkehrung der landläufigen Begriffe — „Narrheit" als die wahre Weisheit verstanden werden soll: ähnlich wie es in der Erzählung „Die Prüfung" heißt: „Wer die Fragen nicht beantwortet, hat

---

[66]) vgl. Jürg Beat Honegger, das Phänomen der Angst bei F. Kafka, Erich Schmidt Verl. 1975, S. 280 ff.

[67]) ebd, S. 288.

[68]) Franz Kafka, „Der Prozeß", S. 260.

[69]) ebd, S. 253.

[70]) Franz Kafka, Tagebücher, S. 338.

die Prüfung bestanden."[71]) Die sogenannte „Nicht-Narrheit", die Weisheit im normativen Sinne, behindert den Eintritt in das Gesetz. Wenn wir die Tagebuchnotiz zu dem Parabeltext in Beziehung setzen, so kann der Mann vom Lande als eine Bettlergestalt gesehen werden, deren Dasein ein allmähliches Verwesen ist. Die Legende vom Türhüter, auch verbal in den Zusammenhang des Geschehens eingebaut, hat für die Deutung der Hauptgestalt des Romans Zeichenwert: beziehbar auf sie und auf den Mann vom Lande ist die Verurteilung ihres Verhaltens, zuviel auf fremde Meinungen und auf fremde Hilfe zu vertrauen, ebenso wie das unermüdliche Verlangen bei beiden, alles aufzuwenden, um ihr Ziel zu erreichen. Eine weitere Parallele zwischen den wechselseitigen Situationen ist die Szene der Verhaftung Josef K.s in Frau Grubachs Zimmer (im 1. Kap. des Romans): Der eine Wächter weist K. an, in sein Zimmer zurückzugehen und zu warten. Aber K. kann sich nicht dazu durchringen: „Vielleicht würden ihn die beiden, wenn er die Tür des folgenden Zimmers oder gar des Vorzimmers öffnete, gar nicht zu hindern wagen, vielleicht wäre es die einfachste Lösung des Ganzen, daß er es auf die Spitze trieb. Aber vielleicht würden sie ihn doch pakken. ... Deshalb zog er die Sicherheit der Lösung vor, wie sie der natürliche Verlauf bringen mußte, und ging in sein Zimmer zurück."[72]) Der Vergleich bezieht sich auf zwei unterschiedliche Möglichkeiten des Handelns, die jeweils von der Einschätzung der Wächter bezw. des Türhüters abhängen: Man

---

[71]) Franz Kafka, Beschreibung eines Kampfes, S. 135.

[72]) Franz Kafka, „Der Prozeß", S. 16.

kann es „auf die Spitze treiben“, d. h. trotz des Verbotes das Zimmer durchschreiten und in der Freiheit sein; im Falle des Mannes vom Lande würde man das Eintrittsverbot des Türhüters übergehen können. Aber Josef K. entscheidet sich für die Lösung nach dem „natürlichen Verlauf der Dinge“, dem Mann vom Lande vergleichbar, der über das Hindernis des Türhüters und seiner „Macht“ nicht hinwegschreiten kann. Wenn wir hier die o. zitierte Tagebuchnotitz Kafkas heranziehen, könnten wir zu dem Schluß kommen, daß das Verhalten des Mannes vom Lande – und damit das Verhalten Josef K.s – als der falsche Weg bezeichnet wird. Dennoch –, jede Deutung, die sich auf eine bestimmte Wegrichtung fixieren wollte, wird durch die anschließende Exegese des Textes durch den Gefängniskaplan zum mindestens desorientiert; mit anderen Worten: ein Widerspruch wird nicht ausgeschlossen. Pongs spricht von der „Rabulistik“ des Gefängnisgeistlichen: „Durch sieben Seiten ziehen sich die Hin- und Herwendungen des Geistlichen, er wird zu einer Abart Mephistos, der seine Maxime, alle Werte zu relativieren, in die raffinierte Formel bringt: Richtiges Auffassen einer Sache und Mißverstehen der gleichen Sache schließen einander nicht völlig aus.“[73])

Bemerkenswert bleibt für den Betrachter der Legende dennoch der „Glanz, der unverlöschlich aus der Tür des Gesetzes bricht“. Hier drängt sich ein Vergleich zum Schloßroman auf, wo auf einen geheimnisvollen Gesang angespielt wird, der aus dem

---

[73]) ebd, S. 259.

Innern des Schlosses kommt: „Aus der Hörmuschel kam ein Summen, wie K. es sonst beim Telefonieren nie gehört hatte. Es war, wie wenn sich aus dem Summen zahlloser kindlicher Stimmen – aber auch dieses Summen war keines, sondern war Gesang fernster, allerfernster Stimmen –, wie wenn sich aus diesem Summen in einer geradezu unmöglichen Weise eine einzige hohe, aber starke Stimme bilde, die an das Ohr schlug, so, wie wenn sie fordere, tiefer einzudringen als nur in das armselige Gehör."[74]) Zurückblickend auf den „Glanz", der aus dem Innern des Gesetzes kommt, muß angenommen werden, daß es das Gesetz gibt. Etwas anderes ist es, ob man es als Mensch erreicht oder überhaupt erreichen kann. Kafka läßt auch hier – wie fast überall in seinem Werk – eine letzte Entscheidung unausgesprochen. –

---

[74]) Franz Kafka, „Das Schloß", II. Kapitel, S. 24 f.

Teil III
„Das Schloß“
Auf der Suche nach dem rätselhaften Ort

1. Ablauf des Geschehens

Der abstrakte Modellcharakter dieses Romans läßt nur ein Mindestmaß an Handlung zu: Spät abends kommt K. in einem Dorf an, das in der Nähe eines Schlosses liegt. In der Wirtsstube des Brückenhofgasthofs will er sich von einem langen Reiseweg ausruhen, aber anwesende Bauern stören seinen Schlaf. Er erfährt, daß das Dorf einem Schloß untersteht und daß jeder Fremde eine gräfliche Aufenthaltserlaubnis benötigt, worauf K. entgegnet, daß der Graf selber ihn als Landvermesser angefordert habe. – Am nächsten Morgen macht sich K. auf den Weg zum Schloß, erreicht es aber nicht. Bei starkem Schneefall folgt er der Straße in Richtung des Schlosses. Es heißt im Roman: „. . . wenn die Straße sich auch vom Schloß nicht entfernte, so kam sie ihm aber auch nicht näher.“ Erschöpft kehrt er ins Brückenwirtshaus zurück und wird dort von zwei Gehilfen empfangen, die ihm vom Schloß zugewiesen worden sind. Als weiteres Zeichen vom Schloß erscheint der Bote Barnabas und überbringt einen Brief von Klamm, einem hohen Beamten der Schloßbehörde, des Inhalts, er, K., sei „in herrschaftliche Dienste aufgenommen.“ In diesem Brief wird zugleich erwähnt, daß der Gemeindevorsteher sein unmittelbarer Vorgesetzter sei. Inzwischen ist es Nacht geworden. Statt ins Schloß zu gelangen, wie er beabsichtigt, kommt K. nur bis zum Herrenhof, in den gelegentlich Beamte vom Schloß einkehren. Die Begegnung mit dem Schankmädchen Frieda, der Geliebten Klamms, führt zu einer Liebesbeziehung zwischen ihr und K., da dieser sich von einer solchen Verbindung einen Zugang zu Klamm verspricht. Den folgenden Tag verbringen beide gemeinsam im Herrenhof. Am dritten Tag seines Aufenthalts im Schloßbereich sucht K. den Gemeindevorsteher auf und erhält von ihm die widersprüchliche Mitteilung, man brauche im Dorf keinen Landvermesser. Um ihn aber zu entschädigen, bietet ihm der Gemeindevorsteher die niedere Position eines Schuldieners an, die K. später – wenn auch widerstrebend – annimmt. Aus der Lebensgeschichte der Wirtin des Herrenhofes gewinnt K. wertvolle Informationen über die rätselhafte Gestalt Klamms. Früh bricht die nächste Nacht herein. Die nun folgende Episode im Hof des Gasthauses, wo Klamm erwartet wird, aber nicht erscheint, obwohl sein Schlitten zur Abfahrt bereitsteht, beleuchtet den Aspekt des endlosen und vergeblichen Wartens in K.s Beziehung gegenüber der Institution des Schlosses. Verwirrend wirkt der Tatbestand, daß ihm der Schloßbote Barnabas auf dem Wege zum Schulhaus, in dem K. inzwischen mit Frieda wohnt, einen Brief überreicht mit der wie Hohn klingenden Mitteilung, man sei im Schloß mit seiner Arbeit als Landvermesser zufrieden. – Das folgende Gespräch zwischen K. und Frieda macht ein sich steigerndes Zerwürfnis zwischen beiden deutlich: während K. das Dorf als möglichen Zugang zum Schloß nicht verlassen will, möchte Frieda fortgehen, um Klamm, den sie noch immer liebt, zu vergessen. Der fünfte Abend bricht herein. K. hat die ihm lästig gewordenen Gehilfen entlassen und begibt sich in das Haus der verfemten Familie Barnabas. Hier erfährt er durch die ausführliche Erzählung Olgas, einer Tochter des alten Barnabas, die Gründe für Schuld und Verfemung ihrer Familie. Amalia, ihre ältere Schwester, hatte sich eines Tages dem schmählichen Antrag des Schloßbeamten Sortini widersetzt. Die Folge war, daß das ganze Dorf sich von ihrer Familie zurückzog, so daß diese in Verfemung und Not geriet. Die Eltern und Olga hören nicht auf, Bittgänge im Bereich des Schlosses zu unternehmen, um die vermeintliche Schuld der Schwester abzutragen. Der junge Barnabas verzehrt sich in seiner Arbeit als Schloßbote, obwohl sie ihm zuweilen als nutzlos erscheint, da das Schloß ihn nie direkt zum Botendienst berufen hat. Nur Amalia verharrt tatenlos und schweigend in ihrer Abwehr gegenüber dem Schloß. Inzwischen hat Frieda K. verlassen und ist zum Herrenhof zurückgekehrt. Bewegung scheint in die Situation K.s zu kommen, als er vom Sekretär Erlanger zu einem Verhör in den Herrenhof bestellt wird. Auf der Suche nach Erlanger dringt der Landvermesser aus Versehen in den Raum des Sekretärs Bürgel ein und weckt diesen aus seinem Schlaf auf. Der Beamte kommt dem zufällig Eingedrungenen in allem entgegen. K. hingegen, obwohl er merkt, daß Bürgels Worte ihn zutiefst angehen, überläßt sich dem Schlaf, statt seine ganze Aufmerksamkeit auf das Gespräch zu richten. Er verpaßt also im entscheidenden Moment die aufschlußreichen Eröffnungen des Beamten, der ihm mitteilt, daß jede Bitte, in solch unerwarteter Situation ausgesprochen, von der Schloßbehörde erfüllt werde. Erlanger weckt ihn und teilt ihm mit, daß er Frieda für Klamm freigeben müsse. Noch immer ganz benommen von Müdigkeit, hält er sich in den für ihn verbotenen Korridoren des Herrenhofes auf und schaut den Schloßdienern zu, die Akten an die Beamten des Schlosses verteilen. Es stellt sich heraus, daß seine Gegenwart an diesem für ihn verbotenen Ort zu unendlichen Komplikationen führt und seiner Sache entscheidend schadet. Nach einem Gespräch mit dem Zimmermädchen Pepi, die ihm vorschlägt, bei ihm zu wohnen, bricht die Handlung unvermittelt ab. –

Laut Max Brod, der das Roman-Fragment aus dem Nachlaß veröffentlicht hat, sollte – nach Kafkas Darstellung im Gespräch – der entkräftete K. am siebten Tag vom Tod ereilt werden, gerade in dem Augenblick, als vom Schloß die Nachricht eintrifft, er dürfe im Schloßbereich leben und arbeiten. –

2. Erzählerperspektive und Bauform des Romans

Der Schloß-Roman ist – obwohl vom Blickpunkt der Hauptfigur K. aus erzählt – ein Bericht in der „Er-Form". Das gilt für alle Romane Kafkas. Der Leser ist mit dem ersten Satz der Erzählung in den dauernd beobachtenden Blick des Helden mit eingeschlossen. Seidler, der eine sehr detaillierte Strukturanalyse der Kafkaschen Romane durchgeführt hat, weist darauf hin, daß die Aufmerksamkeit K.s im „Schloß" stark optisch beschränkt sei: allein 35 Verben des Sehens finden sich auf den ersten 16 Seiten.[75])

[75]) vgl. Manfred Seidler, Strukturanalysen der Romane „Der Prozeß" u. „Das Schloß", Bonn 1953, S. 26 f.

Was die Erzählperspektive im „Schloß" und bei Kafka ganz allgemein angeht, so bestehen darüber in der Kafka-Forschung unterschiedliche Auffassungen. Während z. B. Martin Walser[76]) die Identität von Erzähler und Held vorbehaltlos annimmt und eine solche Erzählhaltung als das einzig bedeutsame Kennzeichen in Kafkas Romanen ansieht, findet sich bei Winfried Kudszus zu dieser These Einschränkung bzw. Widerspruch. Er erkennt schon am Anfang des Romans das „spürbare Dabeisein" des Erzählers, da der Leser mit seinem Helden nicht gleich völlig alleingelassen wird. Kudszus kommt in seiner Untersuchung dieser Frage zu dem Schluß, daß Walsers Theorie von der Kongruenz von Erzähler und Held für viele Stellen des Romans zutreffend ist, daß sie jedoch nur eine Seite der Erzählhaltung erhellt. Er sagt wörtlich: „Die typische Erzählhaltung in Kafkas Romanen ist vielmehr dadurch gekennzeichnet, daß der Erzähler zwar oft mit dem Helden kongruiert, aber sich doch an den Romananfängen und häufig im weiteren Verlauf deutlich distanziert, . . ."[77]) Uns leuchtet diese „Sowohl-als-auch"-Betrachtung eher ein als die auf eine ausschließliche Theorie Walsers fixierte Beurteilung des Sachverhalts. Jede Eindeutigkeit im Hinblick auf Kafka geht meistens schon einen – wenn auch in diesem Fall nur kleinen – Schritt zu weit; die vorsichtigere Deutung, die das Nebeneinander von mehreren Möglichkeiten zuläßt, scheint uns der Sa-

---

[76]) vgl. Martin Walser, Beschreibung einer Form, a.a.O.

[77]) vgl. Winfried Kudszus, Erzählhaltung u. Zeitverschiebung in Kafkas „Prozeß" u. „Schloß" Dt. Vjs f. Lit.-Wiss., 38. Jg.,1964, XXXVIII. Bd. H. 2, S. 192 - 207.

che dieses Autors – auch im Hinblick auf die Erzählhaltung im „Schloß" – eher gerecht zu werden. –

Schon an anderer Stelle unserer Analyse haben wir darauf hingewiesen, daß der Roman kein in sich zusammenhängendes Geschehen deutlich werden läßt; an den wichtigen Gesprächen kann sich der Blick orientieren, der nach einem Zusammenhang des Schloß-Romans sucht. Die Bauform des Gesamttextes ist gekennzeichnet durch den Wechsel von Berichten und Dialog-Partien, die nur sehr lose miteinander verknüpft sind; von einem festen Gefüge des Romans zu reden, wird der Sache daher wenig gerecht. Kudszus[78]) spricht von einem 1. und 2. Teil der Dichtung (Kap. 1 - 3 = 1. Teil; Kap. 4 - 20 = 2. Teil) und begründet diese unregelmäßige Einteilung vor allem mit der wachsenden Bedeutung der Gespräche, die an Länge – wie wir wissen – beträchtlich zunehmen. „Das alles deutet darauf hin", sagt Kudszus, „daß der Held immer weniger Neues unternimmt, daß insofern im zweiten Teil ein Weniger an Aktion, an äußerem Geschehen gegenwärtig ist."[79]) In den strukturell wichtigen Dialogpartien: Gespräch mit dem Ortsvorsteher (5. Kap.), Lebensgeschichte der Wirtin (6. Kap.), Erzählung Olgas (15. Kap.) dienen diese der Funktion, K. in die für ihn wichtigen Geschehnisse der Vergangenheit einzuweihen, die vor dem Romanbeginn liegen. Hier wird Vergangenes mitgeteilt, aber auch auf Zukünftiges hingewiesen: von der Wirtin erfahren wir be-

---

[78]) vgl. ebd, S. 197.

[79]) ebd, S. 197.

reits von der Unerreichbarkeit Klamms für K. bis zum Ende des Romans. Ähnlich vordeutend wirkt K.s Gespräch mit dem Ortsvorsteher, aus dem hervorgeht, wie wenig Aussicht besteht, vom Schloß zugelassen zu werden. Auch Olgas Erzählung eröffnet einen hoffnungslosen Ausblick auf K.s zukünftige Anstrengungen. Eine ähnlich – im Hinblick auf die Zukunft – entmutigende Funktion hat vor allem auch das Gespräch mit der Wirtin im 6. Kapitel, das die bereits o. erwähnte Stelle von der Unerreichbarkeit Klamms enthält. Erwähnenswert ist in diesem Zusammenhang auch K.s Gespräch mit dem Sekretär Bürgel im 18. Kap. des Romans, das – laut Kudszus – zugleich „das wichtigste Beispiel für Erzählerdistanz in den Romanen Kafkas“[80]) darstellt. K. – wie wir es hier von dem distanzierten Erzähler erfahren – fällt gerade in dem Augenblick in Schlaf, als er das Ziel vielleicht doch noch erreichen könnte. –

Wie wir gesehen haben, gelten fast alle diese Gespräche, die zum Ende des Romans hin immer mehr Raum einnehmen, als Beleuchtungen des ausweglosen Bemühens, das K.s Schloßerfahrungen kennzeichnet. Sie sind eigentlich – so betrachtet – Interpretationen der Schloß-Wirklichkeit. –

3. Raum und Zeit im Schloß-Roman

Walser hat in seiner Studie über Kafka die Behauptung aufgestellt, daß in den Erzählungen und Ro-

---

[80]) ebd, a.a.O. S. 201.

manen dieses Autors „der Raum lediglich als Ausdruckselement erscheint und als solches der funktionalen Konstruktion dient".[80]) In weitestem Sinn hieße das, daß der geometrisch-meßbare und topographisch-fixierbare Raum in dieser Prosa keine Rolle spielt. Wir finden das etwas zu ausschließlich formuliert, was das Gesamtwerk angeht (z. B. „Amerika" im „Verschollenen" oder „Riva" im „Jäger Gracchus", wo – besonders in der letzteren Erzählung auffallende Übereinstimmung mit der geographischen Realität besteht), wenn es auch für den Schloß-Roman weitgehend zutrifft. – Der Dorf-Schloß-Raum, in dem sich die Auseinandersetzung K.s mit der Gegenwelt vollzieht, hat Zeichenwert; Übereinstimmung mit irgendeiner geographischen Realität ist hier unerheblich. –

Außen- und Innenräume im Roman – im Dorfkomplex und im Schloßumkreis – sind Erscheinungsformen der Macht des Schlosses und haben funktionale Bedeutung. „Schnee" spielt in der Landschaft des Schlosses, wie sie gleich im 1. Kapitel eingeführt wird, eine wichtige Rolle. Das erinnert an den Frost dieses „unglückseligen Zeitalters" in: „Ein Landarzt" und an die „Eisregionen" in: „Der Kübelreiter". Der bevorzugte Außenraum im Schloß-Roman ist die öde, winterliche Schneelandschaft, – ein Landschafts- und Stimmungsmotiv, das auch in Kafkas Tagebüchern häufig auftaucht: „ . . . blieb an einem Winterabend mitten im Schneefall auf ei-

---

[81]) Martin Walser, Beschreibung einer Form, a.a.O. S. 125.

nem leeren Platz stehen, . . .".[82]) Zu den Vorstellungen eisiger Leere gehört die Lichtwirkung bzw. Finsternis: Es wird von einer „gleichmäßigen Tageshelle" gesprochen; Sonne wird nicht erwähnt (bis auf eine Stelle im Zusammenhang der Schloßarchitektur). Es gibt keine sonnigen Landschaften bei Kafka. Trübe und lichtlos sind auch die Innenräume, die hier geschildert werden: die dumpfen und überfüllten Bauernstuben, die öden und langen Korridore, die Schankstuben des Brückenhofgasthauses und des Herrenhofes, deren Fußböden mit Unrat und Bierpfützen bedeckt sind. Ekelerregende Verkommenheit der Räume wird schonungslos ausgemalt: auf den Boden des Schulzimmers fließen Sardinenöl und Kaffeereste aus. Überall bei Kafka begegnen uns jene verkümmerten Raumvorstellungen, auf ein Mindestmaß an Ausgestaltung beschränkt, nur auf die Belange der jeweiligen Situation hin chiffriert. Alle diese Innenräume sind dunkel, fensterlos oder „kleinfenstrig" (fensterlos ist Chiffre des Zellenhaften, im Zusammenhang damit das Hingestrecktsein auf einer Lagerstatt); die Luft in diesen Räumen ist drückend. Wir denken an den Bretterverschlag ohne Licht, in dem die Wirtin ausgestreckt und kränklich liegt, ähnlich dem kranken Gemeindevorsteher, der K. in seinem Schlafzimmer empfängt. Auffällig sind die „Bettszenen" in solchen übelriechenden Räumen, wo die schattenhafte Erscheinung der Figuren mit der Beschaffenheit des Raumes übereinstimmt. Auch die Menschen sind verkümmert, wirken wie Restbestände:

---

[82]) Franz Kafka, Tagebücher, Aufzeichnungen aus dem Jahre 1911, S. 32.

schwächlich, oft hinkend, in ärmlichen Kleidern wie die Räume, die sie umgeben. Stellenweise werden die in den Raum gehörenden Dinge personifiziert, gewinnen absurdes und groteskes Leben: z. B. „Türen liegen unbeweglich", sie „beruhigen sich", sie waren „enttäuscht" oder auch „zufrieden", kamen wieder „in Bewegung" (S. 272). Es ist die Rede vom Kampf mit den Zimmern, von der „zu erobernden Tür"; „er hieß die Dinge gewissermaßen ihre Schweigsamkeit erschöpfen" (S. 275); „Türen warten geduldig" (S. 278) usw. – „Wie wenig dieser Raum stetig ist", heißt es bei Walser „... zeigen die Auswirkungen, die Kafka mit der Vergewaltigung natürlicher Raumgestalt erreicht ..."[83]). Ein Beispiel für dieses Verhalten, das typisch für Kafka ist (z. B. im „Landarzt": unterschiedliche Bewegung der Pferde im Raum), findet sich auch im Schloß-Roman: K. geht zum Schloß hinauf auf der Landstraße, die sich zwar nicht vom Schloß entfernt, ihm aber auch nicht näherkommt, weil zwischen K. und dem Schloß ein für K. unüberwindlicher Raum liegt.

So wie der Raum auf diese Weise in seiner Stetigkeit stellenweise aufgehoben wird, geschieht es auch mit der Zeit: sie ist als Dauer, als Zeitigendes aufgehoben. Walser weist darauf hin, daß Kafka im Schloß-Roman die Zeit lediglich als Ausdrucksmittel benutzt.[84]) Weil der Autor in seiner Romanhandlung nicht eigentlich Anfang, Mitte und Ende setzt, weil es im Handlungsverlauf kein Kontinuum gibt, deshalb kann die Zeit, die sich ihrem Wesen nach

---

[83]) Martin Walser, Beschreibung einer Form, a.a.O. S. 43.

[84]) ebd, S. 125 f.

als Entwicklung darstellen muß, nicht als zeitlicher Ablauf in das Werk eingehen.

Über die Jahreszeiten heißt es im „Schloß": „Der Winter ist bei uns lang, ein sehr langer Winter und einförmig . . . Nun, einmal kommt auch das Frühjahr und der Sommer und es hat wohl auch seine Zeit; aber in der Erinnerung jetzt, scheint Frühjahr und Sommer so kurz, als wären es nur zwei Tage, und selbst an diesen Tagen, auch durch den allerschönsten Tag, fällt dann noch manchmal Schnee." (S. 307 f.) Selbst die Jahreszeiten fallen aus dem Kontinuum des Jahresablaufs heraus, werden zusammengedrängt oder ausgeweitet, – einem anderen Gesetz gehorchend als dem der Natur. In diesem Schloß- und Dorfbereich ist es ein, zwei Stunden nach dem Frühstück dunkel (S. 29). Auch an diesem Beispiel wird deutlich, daß Kafka sich nicht um den „natürlichen" Ablauf der Zeit kümmert. Er läßt K. außerdem am zweiten Tag seines Aufenthalts im Dorf feststellen, daß er nun schon den vierten Tag hier ist (S. 58). Nur bei genauer Nachrechnung können wir feststellen, wie lange er wirklich im Dorf ist. Kafka erzählt nicht der Zeit nach, wie wir es von den Romanschriftstellern im allgemeinen gewohnt sind; der Sinn des Ganzen ist in jedem Augenblick immanent, – Entwicklungen vom Anfang zum Ende hin gibt es nicht. Kafka hat diese Feststellung im Hinblick auf seine eigene Existenz einmal folgendermaßen deutlich gemacht: „Der entscheidende Augenblick in der menschlichen Entwicklung ist immerwährend."[85])

---

[85]) Franz Kafka, Werke, 1. Ausgabe, Bd. VI, S. 199.

4. Die Schloß-Wirklichkeit

Gleich zu Beginn des Romans wird das Zentralmotiv des Schlosses bildhaft veranschaulicht. Es liegt dem Leser so vor Augen, wie K. es sieht, der nicht anders sehen kann als „mit seinen eigenen Augen", wie er selber einmal sagt. Ob es wirklich so ist, wie es erscheint, ist belanglos. Im Hinblick auf „das große Schloß", von dem im ersten Textabschnitt die Rede ist, wird das Verbum „scheinen" auffallend häufig verwendet; die Schloß-Architektur wird demonstriert in der Sprache des Ungesicherten und Hypothetischen, deren deutlichster Ausdruck das Attribut „angeblich" ist, das dem Schloß beigegeben wird. (vgl. S. 13). In keinem Verhältnis dazu steht die Eindeutigkeit der Faszination, die von dem Gebilde des Schlosses auf K. ausgeübt wird: „Die Augen auf das Schloß gerichtet, ging K. weiter, nichts sonst kümmerte ihn." (S. 13). Die mit anschaulichen Schilderungen im allgemeinen sparsame Prosa enthält im ersten Kapitel ein detailliert ausgemaltes Bild des Schlosses, von dem hier die Rede ist: „Nun sah er oben das Schloß deutlich umrissen in der klaren Luft und noch verdeutlicht durch den alle Formen nachbildenden, in dünner Schicht überall liegenden Schnee. ... Im ganzen entsprach das Schloß, wie es sich hier in der Ferne zeigte, K.s Erwartungen. Es war weder eine alte Ritterburg, noch ein neuer Prunkbau, sondern eine ausgedehnte Anlage, die aus wenigen zweistöckigen, aber aus vielen eng aneinander stehenden niedrigen Bauten bestand ... Nur einen Turm sah K. ... Schwärme von Krähen umkreisten ihn." (S. 13). Bis dahin wird die Topographie des Schlosses realistisch gegeben, mit einer Neigung zu sinnlicher Repräsentanz und einer hier auffallenden Detailliertheit, so daß es nicht verwunderlich ist, daß man in Kafkas biographischer Wirklichkeit nach dem Urbild des Schlosses gesucht hat.[86])

In seiner Untersuchung „Wo liegt Kafkas Schloß?" vertritt Wagenbach die Auffassung, daß die Realien des Schloß-Romans in dem Schloß in Woßek zu finden seien, einem kleinen Dorf südlich von Prag, aus dem Kafkas Vater stammte und in dem der Dichter als Kind möglicherweise häufiger gewesen war. Aber so interessant solche detaillierten topographischen Untersuchungen auch in mancher Hinsicht sein mögen – Wagenbach will das Zusammengetragene als bloße Hinweise und Belege für den (mehr als gemeinhin angenommen) Realitätsbezug des Romans verstanden wissen[87]) – so erscheinen ihre Ergebnisse im Hinblick auf eine versuchte Deutung des Romans wenig von Belang. Schon daß die Umrisse des im Roman gemeinten Schlosses je nach Aspekt des Beschauers variieren und verschwimmen, macht deutlich, wie wenig es letztlich auf die Realien ankommt. Wie viel oder wie wenig Wagenbachs und andere versuchte Lokalisierungen des Schlosses mit den im Roman dargestellten Verhältnissen übereinstimmen, ist in Binders „Kafka Kommentar zu den Romanen" ausführlich dargelegt

---

[86]) vgl. Klaus Wagenbach, „Wo liegt Kafkas Schloß?" Franz Kafka, Ein Symposion, Verl. K. Wagenbach Berlin 1965.

[87])ebd, S. 178.

worden[88]); wir gehen im einzelnen hier nicht darauf ein. Uns erscheint vor allem wichtig, daß das Schloßmotiv im allgemeinen Zeit seines Lebens eine Lieblingsvorstellung Kafkas gewesen ist. Er hatte ja die Prager Burg lebenslang vor Augen: jenes Schloß, „in dem nichts geschah und dessen Prachtsäle nur Auserwählte betreten durften, das leblose Schloß über einer von Leben überströmenden Stadt".[89]) Das Wesentliche scheint uns in dem Phänomen des Ausgeschlossenseins zu liegen, in der Vorstellung des Nicht-zu-Betretenden, die schon früh in die Metapher des Schlosses eingegangen ist.

Als augenfälliges Zeichen der Unerreichbarkeit und Unzugänglichkeit des Schlosses sind die Wegeverhältnisse anzusehen: K. folgt einer Landstraße in Richtung des Schlosses, die sich zwar nicht vom Schloß entfernte, ihm aber auch nicht näher kam. Die Sprache benutzt hier die Vokabel von der „fest haltenden" Straße, die nicht zum Schloß führt, sondern abbiegt, so weit aber immerhin kommt, daß es sich vor K.s Augen in veränderter Optik darbietet. Im Näherkommen zerfällt die mächtige Anlage vor seinen enttäuschten Augen in ein recht elendes Gebilde, „ein irdisches Gebäude – was können wir anders bauen?" (S. 14). Selbst in dieser veränderten Optik behält dieses „irdische" Gebäude einen deutlichen Unterschied zu anderen Gebäuden üblicher Art: „– aber mit höherem Ziel als die niedrigste Häu-

---

88) Hartmut Binder, Kafka-Kommentar zu den Romanen, Rezensionen, a.a.O. S. 282 f.

89) E. Frynta, Franz Kafka lebte in Prag. Prag 1960, S. 142.

sermenge und mit klarerem Ausdruck, als ihn der trübe Werktag hat." (S. 14). Auch das eigentümliche Bild am Ende des folgenden Zitats zeigt, daß das Schloß über seine reale Erscheinung hinaus einen Zeichenwert hat: „Es war, wie wenn ein trübseliger Hausbewohner, der gerechterweise im entlegensten Zimmer des Hauses sich hätte eingesperrt halten sollen, das Dach durchbrochen und sich erhoben hätte, um sich der Welt zu zeigen." (S. 14). In diesem Zusammenhang erscheint es bedeutsam, daß Schnee und Menschenleere das Schloß umgeben. Wie bereits o. bemerkt, erinnert das an den „Frost des unseligen Zeitalters" im „Landarzt" und an die Eisregion im „Kübelreiter". Im Roman wird von einer gleichmäßigen Tageshelle gesprochen; es sind die Lichtverhältnisse, die uns aus vielen Dichtungen Kafkas bekannt sind. Sonne wird nicht erwähnt, es gibt keine sonnigen Landschaften bei Kafka. Um so bedeutsamer erscheint uns jene einzige Stelle im Roman, — sie findet sich im Zusammenhang mit der Schloßbeschreibung – wo ein Sonnenstrahl aufzuckt, dessen Wirkung – so heißt es im Roman – „etwas Irrsinniges" hatte. Das diesbezügliche Zitat lautet im Zusammenhang: „Der Turm hier oben, ... der Turm eines Wohnhauses, wie es sich jetzt zeigte, vielleicht des Hauptschlosses, war ein einförmiger Rundbau, zum Teil gnädig von Efeu verdeckt, mit kleinen Fenstern, die jetzt in der Sonne aufstrahlten – etwas Irrsinniges hatte das – und einem söllerartigen Abschluß ...". Die Sonnenstrahlung hat hier nicht die Wirkung des Freundlichen, – sie erscheint eher wie ein geisterhaftes Licht, das etwas Wahnwitziges hat. An einer anderen Stelle wird gesagt, daß um das Schloß herum eine andere Luft wehe als unten im Dorf. Daß es sich – jenseits des Realen – um einen anderen Bezirk handelt, wird aber vor allem am Schluß des ersten Kapitels demonstriert. Wir geben diese Aussage hier wörtlich wieder, weil sie uns für einen Deutungsversuch unerläßlich erscheint: „Das Schloß dort oben, merkwürdig dunkel schon, das K. heute noch zu erreichen gehofft hatte, entfernte sich wieder. Als sollte ihm aber noch zum vorläufigen Abschied ein Zeichen gegeben werden, erklang dort ein Glockenton, fröhlich beschwingt, eine Glocke, die wenigstens einen Augenblick lang das Herz erbeben ließ, so, als drohe ihm – denn auch schmerzlich war der Klang – die Erfüllung dessen, wonach er sich unsicher sehnte." (S. 21). An kaum einer anderen Stelle ist die Ambivalenz des Schloßmotivs auch in der Wortwahl (fröhlich-schmerzlich; Erfüllung-drohen) so deutlich in Erscheinung getreten. Alle versuchten Deutungen dieses rätselhaften Ortes finden hier ihre Bestätigung und ihren Widerspruch zugleich: die theologische Deutung als eines „Ortes der Gnade" von Max Brod, der Kafka wie kein anderer gekannt hat, und als äußerstes Extrem dazu die Deutung von Adorno,[90]) der im Schloß nichts anderes als die Hierarchie der Macht verstanden wissen wollte. Trotz der Atmosphäre des Undurchsichtigen und Zwielichtigen, die die Erscheinung des Schlosses umgibt, trotz des Dunkels, in das seine Umrisse sich auflösen, geht von dem geheimnisvollen Glockenton ein Etwas aus, das das Herz – wie in einer unausgesprochenen Hoffnung – erbeben läßt. Von hier aus gesehen, erscheint uns

[90]) vgl. Theodor Adorno, zit. in Kindler-Lexikon, S. 8503 f.

die vielgeschmähte Deutung Max Brods von dem Schloß als einem „Ort der Gnade" einleuchtender als Adornos geheimnislose Vorstellung von der Machthierarchie; wir finden uns in dieser Hinsicht von einer Äußerung Wolfgang Kraus' bestätigt: „Nun, Max Brod kannte Kafka wie niemand anderer, und er war ein redlicher Freund, warum soll man sein Zeugnis anzweifeln?"[91]) –

Es kann dabei nicht übersehen werden, daß es unseren üblichen Denkvorstellungen nicht leicht fällt, das Schloß mit Max Brod fraglos als Sitz der „Gnade" zu interpretieren[92]), es sei denn, man deute „die Verkehrungen aller Zeichen des Schlosses ins negativ tödlich Monotone als Verkehrungen, die von der Blindheit K.s oder der Dorfbewohner verursacht werden und das Wesen dieses begnadend religiösen Schlosses nicht berühren."[93]) Auch diese Auslegung ist den üblichen Denkvorstellungen – besonders angesichts des kleinlichen und recht lüsternen Beamtenstabes – nicht allzu einsichtig. Aber vielleicht ist gerade dieser übliche Denkansatz schon falsch. Für Kafkas „Sehen" gibt es keine Verbindlichkeit normativer Sehweise; d. h. keineswegs, daß wir literarische Beeinflussungen im Hinblick auf sein Werk leugnen wollten. Nur *kann er* nicht mehr so sehen wie bisher; daher sind auch die geltenden Zeichen der Sprache für ihn nicht mehr in dem bisherigen Maße verbindlich. Da er aber keine anderen

---

[91]) Wolfgang Kraus, in: Literatur u. Kritik, Österreichische Monatsschr. 1979, 140, S. 578.

[92]) vgl. M. Brod, Im Nachwort s. 1. Ausg. S. 484.

[93]) Wilhelm Emrich, Kafka, Frankfurt 1961, S. 311.

hat, muß er sie benutzen und stiftet Verwirrung. Etwas davon hat er wohl gewußt, als er testamentarisch verfügte, den größten Teil seiner Schriften zu vernichten. Uns erscheint es einleuchtender – trotz aller Fraglichkeit exakter Auslegung – an eine Deutungsmöglichkeit anzuknüpfen, die wir auch bei Max Brod finden und die von Kafkas Beschäftigung mit Kierkegaard ausgeht, den er nachweislich in Zürau gelesen hat. In Kierkegaards Werk „Furcht und Zittern“ ist eine der Hauptfragen: „Gibt es eine Suspension des Ethischen?“ Sie schließt sich an die Abrahamsgeschichte an, in der ein Mord (Tötung des Sohnes) verlangt wird um einer höheren Wahrheit willen, die ein absolutes Geheimnis bleibt und daher nur in paradoxen Verhaltensweisen dargestellt werden kann. Zeigt sich möglicherweise Kafkas Suspension des Ethischen in K.s Geschichte mit Frieda, wenn es an einer Stelle heißt: „Sie umfaßten einander ... und lagen dann in den kleinen Pfützen Bieres und dem sonstigen Unrat, von dem der Boden bedeckt war. Dort vergingen Stunden, ... in denen K. immerfort das Gefühl hatte, er verirre sich so weit in der Fremde, wie vor ihm noch kein Mensch, einer Fremde, in der selbst die Luft keinen Bestandteil der Heimatluft habe, in der man vor Fremdheit ersticken müsse und in deren unsinnigen Verlockungen man doch nichts tun könne als weiter gehen, weiter sich verirren ...“ (S. 47)? Und zeigt sich solch eine Verkehrung nicht in ähnlicher Weise in dem Verhalten des Beamten Sortini gegenüber Amalia, als er ihr den Brief mit dem schamlosen Ansinnen schrieb? Zu dieser Fragestellung gibt es in Kafkas Werk noch mehr Stellen, – z. B. in der Erzählung „Forschungen eines Hundes“. Dort wird von den Musikhunden, die dem kleinen Hund als Wesen aus anderen Welten erscheinen, ausdrücklich betont, daß sie schamlose Bewegungen machen, so daß der kleine Hund, den ihre Musik ergriff, zugleich vor dieser Versündigung erschauderte.[94]) –

5. Die Beamtenhierarchie des Schlosses: Der Schloßvorstand Klamm

Ein Überblick über die Schloßinstanzen läßt einen vielfältig gegliederten Beamtenapparat erahnen, der in seinen höheren Graden den Augen der Dorfbewohner unsichtbar bleibt. Nur die niederen Instanzen gelangen in das Blickfeld der Dorfbewohner, z. B. Schwarzer, Erlanger u. a. Entsprechend der hierarchisch geordneten Welt Kafkas finden sich solche endlosen Rangabstufungen in vielen seiner Werke; wir erinnern an die unendlich verzweigte Dienerschaft in der „Prüfung" und vor allem an die differenzierte Rangordnung der zahllosen Türhüter in der Parabel „Vor dem Gesetz". –

Je höher die Stellung der Beamten, desto dürftiger ist die Beschreibung, die von ihnen gegeben wird, da sie selten oder nie in Erscheinung treten. Im Hinblick auf ihr Aussehen herrscht Unklarheit; ihre Erscheinung wechselt je nach der Funktion, die sie haben, und je nach dem Aspekt, von dem aus sie gesehen werden. Klamms Bild z. B. ist „nur in den Grundzügen" bekannt. „Er soll ganz anders ausse-

---

[94]) vgl. Kafka, Forschungen eines Hundes, in: Beschreibung eines Kampfes, S. Fischer Verl. Lizenzausgabe New York, S. 245 - 247.

hen, wenn er ins Dorf kommt, und anders, wenn er es verläßt ... anders allein, anders im Gespräch und, was hiernach verständlich ist, fast grundverschieden oben im Schloß." (S. 206). Am Beispiel Klamms wird ganz deutlich ausgesprochen, daß es hier nicht um Charakterisierung einer Gestalt geht, sondern um ihre Funktionalität. Von einem „Inneren" wird hier nicht gesprochen; ihre Funktionalität bestimmt jeweils ihr Aussehen. Im 18. Kapitel erfahren wir aus der Erzählung des Sekretärs Bürgel, daß die Beamten mit einem außerordentlichen Feingefühl begabt seien; die Folge ist, daß sich ein Beamter höheren Ranges auch weiter von den Parteien entfernen muß, deswegen die geringe Kunde, die man von den höheren Beamten habe. Als Stufe einer unendlichen Rangordnung haben diese Beamten kein persönliches Kolorit und keine eigene Meinung; sie sind in das Räderwerk der Institution funktionell eingeordnet. –

Klamm gehört zu den mächtigen Herren im Schloß; er wird als Schloßvorstand bezeichnet. Von Anfang an ist er der Bezugspunkt, auf den K. ausgerichtet ist. Ihn zu erreichen, ihn zu sehen, zu ihm vorzudringen oder besser: sich zu ihm vorzudrängen ist K.s einziges Ziel; alle seine Unternehmungen sind auf dieses Ziel hin orientiert, alle Reflexionen und Gespräche kreisen um diese Gestalt, deren hervorstechendstes Merkmal ist, daß sie sich permanent entzieht. Es gibt Stellen im Roman, an denen durchaus offen gelassen wird, ob es überhaupt Klamm ist, der unter diesem Namen einigen Eingeweihten bekannt ist. Die schillernde Identität seiner Person steht im schärfsten Gegensatz zu der Faszination, die er ausstrahlt, — sowohl auf Gardena, die verlassene Brückenhofwirtin, wie vor allem auf K. selbst und andere noch. — Die Frage: „Wer ist Klamm?“ geistert durch den ganzen Schloßroman. Zu Anfang des 3. Kapitels schließt sich die ebenso wichtige, womöglich noch wichtigere Frage an: „Kennen Sie Klamm?“ Sie wird von K. gestellt und erweckt anhaltendes Lachen von seiten Olgas, da diese Frage an Klamms Geliebte, Frieda, gerichtet wird. Zur Deutung des Namens „Klamm“, der augenscheinlich nicht nur der bloßen Benennung dient, sondern einen offensichtlichen Zeichenwert hat, heißt es bei M. Robert in einer allgemeinen Bemerkung über Namengebung bei Kafka: „Die Herren auf ihrer hohen Rangstufe ... haben ... bezeichnende Wörter als Namen, sprechende Aushängeschilder gewissermaßen, die nicht etwa nur ihren Personenstand, sondern Bedeutung und Zuständigkeit, ja sogar den Sinn ihrer Tätigkeit weithin vernehmlich bekanntmachen ... Das Wort Klamm ist ... gleichzeitig ein Substantiv und ein Adjektiv; als Nomen gebraucht, bezeichnet es eine Schlucht, eine Felskluft, einen Engpaß; als Adjektiv bezeichnet es die Klemme, die Verlegenheit, den Geldmangel ...“.[95]) Gegen derartige Ausdeutungen, die sich auf Kafkas Neigung zu Wortspielen gründen, bemerkt Max Brod: „Die Skizzenhaftigkeit der Niederschriften Kafkas in jener Periode, in der der Gedanke einer Drucklegung ihm ganz fernlag, geht unter anderem aus den Eigennamen hervor, die er verwendete. Er nahm sie einfach aus der Lektüre, die ihn gerade beschäftig-

---

[95]) M. Robert, Das Alte im Neuen. Von Don Quichotte zu Franz Kafka, München 1968, S. 193.

te. So weisen Namen wie ‚Barnabas' oder ‚Galater' darauf hin, daß Kafka in den Tagen der Niederschrift eifrig das Neue Testament las ..." Brod sieht in Klamm „ein übersteigertes und dämonisches Schreckbild" von Milenas Mann Ernst Polak.

Vielleicht sollte man es gar nicht allzu genau wissen wollen, was hier und bei M. Robert expliziert worden ist. Möglich erscheint es immerhin, daß es sich wirklich im Falle Klamms um mehr als um eine bloße Personenbezeichnung handelt. Etwas von „Verengung", vielleicht „Verhinderung" auf dem Wege zum Schloß ist denkbar: Klamm erscheint uns – schon aufgrund seines Namens – so mächtig er auch unter den Schloßbeamten ist, dennoch unendlich weit von dem namenlosen Geheimnis des Schlosses entfernt. Ein Beispiel dafür, daß Klamm K. auf seinem Wege zum Schloß nicht einen Schritt weiterbringt, ja sein Fortkommen sogar hindert, sind die beiden Briefe, die er durch Barnabas an K. sendet: sie sind rätselhaft, lassen sich auf mannigfache Weise ausdeuten und besagen nichts. Im 1. Brief (S. 26) wird seinen Forderungen scheinbar ausdrücklicher entsprochen als je. Doch der Brief bleibt unbestimmt, unverbindlich und bedeutungslos. Später wird dann auch die Belanglosigkeit des Briefes durch den Dorfvorsteher bestätigt. Völlig wertlos, ja geradezu verhöhnend für K. ist auch Klamms 2. Brief, der seine Landvermessungsarbeiten (die er nie leisten durfte) lobend anerkennt. Klamm ist – als ranghöchster Beamter des Schlosses – zuverlässig und klug, wie es einer solchen Kontrollinstanz entspricht. Seine Ruhe und sein Schweigen sind beispielhaft. In leichter Aufhebung und Differenzierung des Gesagten erfahren wir an anderer Stelle, daß er „sehr grob ist". Sein Aussehen und die weit über zwanzig Jahre zurückliegende Affäre mit Gardena weisen auf höheres Alter. Er wirkt undurchdringlich und abweisend; niemand kennt seine Absichten und seine Gedanken. –

An einer Stelle zu Anfang des Romans wird K. und damit dem Leser ein – wenn auch sehr eingeschränkter Blick (durchs Schlüsselloch) – auf Klamm ermöglicht: „An einem Schreibtisch durch ein Guckloch des Zimmers, in einem bequemen Rundlehnstuhl, saß, grell von einer vor ihm runterhängenden Glühlampe beleuchtet, Herr Klamm. Ein mittelgroßer, dicker, schwerfälliger Herr. Das Gesicht war noch glatt, aber die Wangen senkten sich doch schon mit dem Gewicht des Alters ein wenig hinab. Der schwarze Schnurrbart war lang ausgezogen. Ein schief aufgesetzter spiegelnder Zwicker verdeckte die Augen. Wäre Herr Klamm völlig beim Tisch gesessen, hätte K. nur sein Profil gesehen; da ihm aber Klamm stark zugedreht war, sah er ihm voll ins Gesicht. Den linken Ellbogen hatte Klamm auf dem Tisch liegen, die rechte Hand, in der er eine Virginia hielt, ruhte auf dem Knie. Auf dem Tisch stand ein Bierglas; da die Randleiste des Tisches hoch war, konnte K. nicht genau sehen, ob dort irgendwelche Schriften lagen . . .". (3. Kap.). Die hier wiedergegebene Beschreibung, so sehr sie Kafkas Neigung zum Detail und seine Vorliebe für Veranschaulichung durch Gestik deutlich werden läßt, geht über eine wenig besagende äußere Charakteristik der Erscheinung Klamms nicht hinaus. Sein eigentliches Wesen wird in dieser Allerweltsbeschreibung eher verhüllt als veranschaulicht. Im Grunde erfährt man nichts über den geheimnisvollen Schloßbeamten; wir erinnern uns, daß an einer späteren Stelle des Romans in Zweifel gezogen wird, ob der durch das Guckloch Gesehene wirklich Klamm gewesen ist. –

6. Der Schloß-Dorf-Komplex

Schon zu Anfang des 1. Romankapitels erfahren wir, daß es beim Dorf einen Schloßberg gibt und daß auf diesem Berg ein großes Schloß liegt. Die Atmosphäre von Schnee und eisiger Luft herrscht um Dorf und Schloß: „Der Winter ist bei uns lang, ein sehr langer Winter und einförmig . . . in der Erinnerung, jetzt, scheint Frühjahr und Sommer so kurz, als wären es nicht viel mehr als zwei Tage und selbst an diesen Tagen, auch durch den allerschönsten Tag, fällt dann noch manchmal Schnee." (S. 410).

Die Bereiche des Schlosses und des Dorfes sind untrennbar miteinander verbunden. Daß es so ist, erfährt man gleich zu Beginn des Romans: „Dieses Dorf ist Besitz des Schlosses, wer hier wohnt oder übernachtet, wohnt oder übernachtet gewissermaßen im Schloß." (S. 7). In dieser Äußerung wird deutlich, daß das Dorf bis zur Besitzergreifung abhängig vom Schloß ist. Die Beziehung zwischen beiden Bezirken ist in Form eines straffen Ordnungsgefüges bis in die kleinsten Einzelheiten geregelt. Zu gleicher Zeit herrscht eine strenge Distanz zwischen dem Machtbereich des Schlosses und dem Lebensraum des Dorfes: je hintergründiger die höhere Instanz in Schweigen und Verschlossenheit verharrt, um so eindeutiger kommt zum Ausdruck, daß die Beziehungen vom Dorf zum Schloß von Ehrfurcht und Schrecken diktiert sind. Wenn jemand — wie es hier durch K. geschieht — die etablierte Ordnung des Schlosses durch sein alle Gebote und Regeln mißachtendes Eindringen stört, so bedeutet dieser Eindringling eine Angstquelle für das Dorf. Auch an dieser Stelle werden uns – wie so oft – Querverbindungen in Kafkas Werk einsichtig: So erscheinen auch in „Der Schlag ans Hoftor" die Dorfbewohner „gebückt vor Schrecken", als zwei Eindringlinge – Bruder und Schwester – wirklich oder fingiert an das Tor des „Herrenhofes" schlagen. Honegger spricht in seiner Arbeit von einer „Ambivalenz gleichzeitiger Faszination und Abstoßung".[97]) Denn wenn sich auch die Dorfbewohner ganz allgemein dem Fremden gegenüber ablehnend verhalten – in der Feindschaft des Lehrers kommt das am deutlichsten zum Ausdruck – gibt es auch einige, wie z. B. u. a. die Familie Barnabas, die an K.s Erscheinen eine gewisse Hoffnung knüpfen. Alles in allem aber bleibt K. der „Fremde", – ein Begriff, der gerade in einer Dorfgemeinschaft besonders augenfällig zu veranschaulichen ist. Wir weisen in diesem Zusammenhang auf die Erzählung „Verlockung im Dorf" hin, eine unter den zahlrei-

[97]) vgl. Jürg Beat Honegger, a.a.O. S. 312 - 332.

chen Erzählungen Kafkas, die das Schlüsselwort „Dorf" enthalten und den damit verbundenen Begriff des „Fremden" im Erzählzusammenhang veranschaulichen, so daß eine deutliche Parallele zum „Schloß" gegeben ist. Ein Fremder wird hier wie dort mit Mißtrauen beobachtet: „Ich will nur noch zusehen, was dieser Mann hier machen wird. Er ist ein Fremder. Er treibt sich hier ganz unnötigerweise herum."[98]) . . . „Ich war doch bei Fremden und hatte keinen Anspruch, hier gelassen zu werden."[99]) Eine solche Empfindung des Fremdseins macht sich auch in dem Verhalten des Betroffenen selbst bemerkbar: „Das ist allerdings eine einfache Erklärung", sagte ich lächelnd, „einem Fremden kommt leicht alles sonderbar vor."[100]) Die Unvereinbarkeit des Fremdseins in einer andersartigen Umwelt reicht bis in die Überzeugung hinein, daß man nicht dieselbe Sprache spricht und daß man es schwer haben wird, sich den Einheimischen verständlich zu machen: „Er redete von mir, als sei ich taub oder als verstände ich seine Sprache nicht."[101])

Aus diesem Gefühl der Fremdheit erklärt sich auch weitgehend das seltsame Benehmen der Dorfbewohner gegenüber K. Die Bauern des Dorfes haben bei seinem Anblick „förmlich gequälte Gesichter"; auffällig ist zugleich, daß sie in Gruppen auftreten, wie Walser es in seiner Arbeit über Kafka sehr ausführlich darlegt: er spricht von ihrem kollektiven

---

[98]) Franz Kafka, Tagebücher, 1914-23, hsg. von Max Brod, New York (1949) S. 48-58, dt T 389-400.

[99]) ebd, S. 278.

[100]) ebd, S. 280.

[101]) ebd, S. 280.

Drängen und von „ganz bestimmten" Bewegungsrhythmen, die ihr Verhalten kennzeichnen.[102]) Interessant ist in diesem Zusammenhang ein sprachliches Phänomen, das symptomatisch ist: Kafka spricht zunächst von „ihren förmlich gequälten Gesichtern" und fährt in der Einzahl fort: „. . . der Schädel sah aus, als sei er oben platt geschlagen worden und die Gesichtszüge hatten sich im Schmerz des Geschlagenwerdens gebildet ..." (S. 26 f.). Walser sagt zu dieser Art der Charakteristik: „Da Kafka alles durch die Bewegung, durch die Kontur, durch die Fassade sagt, da seine Figuren kein „Inneres" haben, ist es ihm auch sehr leicht, sie zu Gruppen zusammenzufassen."[103]) Daß Kafka in seiner Dichtung ein besonderes Stilverfahren entwickelt, um solche Gruppenkollektive zu beschreiben, indem er nämlich die Vielzahl der Einzelnen auf einen einzigen Antrieb zurückführt, zeigt sich u. a. auch in seiner hier häufiger zitierten Erzählung „Der Schlag ans Hoftor", wo es heißt: „Wir kannten es (das Dorf) nicht, aber gleich nach dem ersten Haus kamen Leute hervor und winkten uns, freundschaftlich oder warnend, selbst erschrocken, gebückt vor Schrecken. Sie zeigten nach dem Hof ...".[104])

Was das Schloß an denjenigen zu tun vermag, die aus seiner Botmäßigkeit ausbrechen, das zeigt sich an der Familie Barnabas. Ihr Sturz aus einer ange-

---

[102]) vgl. Martin Walser, Versuch über Kafka, a.a.O. S. 69 f.

[103]) ebd, S. 69 f.

[104]) Franz Kafka, Beschreibung eines Kampfes, a.a.O. S. 106.

sehenen und allgemein respektierten Lage in einen Zustand des Elends und des Geächtetseins gilt vor den Augen K.s als ein Hinweis auf die Wirkung des Schlosses, sofern seine Ordnung angetastet und der Gehorsam verweigert wird. Die Tochter Amalia hat der Aufforderung des Beamten Sortini, ins Schloß zu kommen, getrotzt, da sie in unflätiger Weise ausgesprochen wurde; das genügt, um die Verfemung auf ihre ganze Familie herabzurufen. Dabei ist es bemerkenswert, daß vom Schloß selbst keine direkte Strafe kommt, sondern daß sie durch das Verhalten der Dorfbewohner heraufbeschworen wird. Durch den Verfall des alten Barnabas, der Tag für Tag vor das Dorf hinauszieht, um unter unsinnigen und erbärmlichen Umständen sein sogenanntes Recht auf Wiedergutmachung zu erkämpfen, gewinnt die übermächtige Wirkung des Schlosses vor den Augen der Dorfbewohner und vor K. Zeichenwert. –

Wieweit das Schloß im Blickfeld des Dorfes als eine numinose, absolut unantastbare, jenseitige Macht erscheint, etwa im Sinne Brods als „Sitz der Gnade" oder ob sie im Sinne Adornos als Symptom einer neuen „aufziehenden Gesellschaftsordnung"[105]) angesehen wird, ist auch durch die Betrachtung der Dorf-Schloß-Beziehung nicht eindeutig zu klären. Angesichts dessen, was sichtbar wird, kann nicht fraglos behauptet werden, ob sich hinter der vordergründigen Gestalt des Schlosses Höhe und Erhabenheit oder Leere und Nichtigkeit verbirgt. Es bleibt, wie alles im Schloß, letztlich unbe-

---

[105]) vgl. Kindler-Lexikon, 19. Band, S. 8503 f.

stimmt, besonders da ja die höheren Bereiche der Schloßwelt und der Herr des Schlosses selbst dem Blick der Romangestalten wie auch dem Blick des Lesers entzogen sind. Man kann daraus folgern, daß auch der Autor selbst eine verbindliche Meinung nirgends anbieten kann, da es seiner Sehweise entspricht, das Angedeutete zugleich in Frage zu stellen, das Ausgesagte wieder und wieder aufzuheben. –

7. Die Figuren

a) Die Hauptfigur: Der Landvermesser K.

Es ist in diesem Roman entscheidend, daß die Hauptfigur durch keinen vollständigen Namen gekennzeichnet ist. Das ist bei Kafka keine Seltenheit. Bis auf wenige Ausnahmen sind Kafkas Helden ohne Namen; ihre Benennungen sind entweder auf einen Anfangsbuchstaben reduziert, oder sie werden in ihrer Funktion eingeführt: als „Diener", als „Gehilfe", „Bote" oder „Sekretär". Im vorliegenden Fall findet sich beides: Reduktion des Namens auf den ersten Buchstaben und Funktions- bzw. Berufsbezeichnung (Landvermesser). In der Namenlosigkeit bzw. Reduktion der Benennung auf einen Buchstaben verdeutlicht sich auch eine gewisse Anonymität, die sich vor allem auf die Herkunft bezieht: die Figur enthält kaum eine Bindung an die Vergangenheit; wir hören – außer dem summarischen Hinweis auf „Weib und Kind" (die verlassen worden sind) – von keinerlei Erfahrungen, Schicksalen oder Begebenheiten (wenn man von einer mitgeteilten Kindheitserfahrung im 2. Kap. absieht (S. 33)), die ihn betreffen. Eine raumzeitliche Leere umgibt ihn, als käme er aus dem Niemandsland, in das er sich am Schluß gewissermaßen wieder verliert, da wir in der vorliegenden Fassung von keinem Ende erfahren. Man kann auch hier – wie bei den meisten Erzählungen Kafkas — sagen, daß sie plötzlich verstummt. Wohin alles führen wird, ist möglicherweise abzusehen; gesagt wird es nicht. —

Hier wie fast in allen Erzählwerken Kafkas steht eine Person deutlich im Vordergrund; sie wird schon im ersten Satz eingeführt: „Es war spät abends, als K. ankam." Ein ähnliches Eröffnungsschema findet sich – wie wir gesehen haben – im „Prozeß". –

Im Schloß-Roman spielt die Berufsangabe des Helden eine gewisse Rolle. Das Wort „Landvermesser" hat dann auch die Kafka-Interpreten zu bestimmten Assoziationen geführt, auf die Binder in seinem Kommentar zu den Romanen hinweist. Er zitiert u. a. E. Heller, der die „Vermessungsarbeit" in übertragenem Sinne deutet: „Sie (die Tätigkeit) besteht genau aus demjenigen, was K. verzweifelt erstrebt und nie vollbringt: das irdische Leben innerhalb klar abgesteckter Grenzen zu ordnen und ein annehmbares Kompromiß zwischen widerstreitenden Besitzansprüchen zustande zu bringen. Vermesser aber spielt auf Vermessenheit, Hybris, an; auf das Adjektiv ‚vermessen', ‚tollkühn'; auf das Verbum ‚sich vermessen' der Überhebung schuldig sein; ...".[106])

---

[106]) E. Heller, Enterbter Geist. Essays über modernes Dichten u. Denken, Frankf. a. M. 1954, S. 307 f.

So denkbar diese Assoziationen im allgemeinen sein mögen, so wenig bedeutungsvoll, ja sogar hypothetisch stellen sie sich im Erzählzusammenhang des Schloß-Romans dar. Wenn auch die Berufsbezeichnung durch den ganzen Roman hindurch immer wieder im Zusammenhang mit seiner Person gebraucht wird – vorstellend sagt er von sich: „Sonst aber lassen Sie es sich gesagt sein, daß ich der Landvermesser bin, den der Graf hat kommen lassen. Meine Gehilfen mit den Apparaten kommen morgen im Wagen nach." (S. 8) — so ist sie für seinen Aufenthalt im Schloßbereich ohne praktische Bedeutung, denn er kommt nie dazu, seinen Beruf auszuüben. Auf die Mitteilung, seine Gehilfen betreffend, kommt K. später in verschiedenen Situationen zurück: Einmal erwähnt er, daß die Gehilfen, die das Schloß ihm für eine eventuelle Arbeit beigibt, nicht seine alten Gehilfen sind, daß sie zudem ohne Sachkenntnis und ohne zweckmäßige Apparate sind. Im Hinblick auf seine Berufung als Landvermesser erfährt er (im 1. Kap.) durch das Telefonat von Schwarzer mit der Schloßbehörde eine vage Bestätigung, die aber durch das (im 5. Kap. stattfindende) Gespräch mit dem Gemeindevorsteher wieder aufgehoben wird: „,. . . aber, leider, wir brauchen keinen Landvermesser. Es wäre nicht die geringste Arbeit für ihn da." (S. 62). Es gab zwar einmal einen diesbezüglichen Erlaß, daß ein Landvermesser berufen werden sollte, aber das war vor vielen Jahren und konnte K. nicht betreffen. In dieser schwebenden Situation von Behauptung und Zurücknahme des für K. so wichtigen Tatbestandes seiner Berufung beginnt sein verzweifelter Kampf mit der geheimnisvollen Instanz des Schlosses. Die weiteren Ereignisse demonstrieren immer wieder, daß K. nie als Landvermesser eine Arbeit bekommt. Beschäftigung findet er nur in der niedrigen Betätigung eines Schuldieners, die er als eine Herabwürdigung ansieht. „Diener“ sein und zu keinem Dienst berufen werden, — „Landmesser“ sein und nicht gebraucht zu werden, das demonstriert eine äußerste Sinnlosigkeit menschlicher Existenz (s. auch Kafka, „Die Prüfung“, Beschreibung eines Kampfes, S. 134 f.). An diesem Punkt tritt K. auch zum Kampf an; hier bringt er das ihn selbst, aber keineswegs die Behördenvertreter überzeugende Argument: „Ich habe doch diese endlose Reise nicht gemacht, um jetzt wieder zurückgeschickt zu werden.“ (S. 62). Das Wort von der „endlosen Reise“ suggeriert nicht nur den entlegenen Raum, sondern auch den Begriff der äußersten Fremde; in direktem Zusammenhang dazu steht die von den Dorfbewohnern geradezu als Beargwöhnung und Ablehnung gebrauchte Charakterisierung K.s als eines „Fremden“ im Bereich von Dorf und Schloß. Daß es auch der „heimatlose“ Bezirk ist, erweist die erste In-Augenscheinnahme des Schlosses durch K., die zur Rückwendung seiner Gedanken zu dem Bereich der Kindheit führt: „Wäre es K. nur auf die Besichtigung angekommen, dann wäre es schade um die lange Wanderschaft gewesen und er hätte vernünftiger gehandelt, wieder einmal die alte Heimat zu besuchen, wo er schon so lange nicht gewesen war.“ (S. 13). Dies ist ein sehr flüchtiger Anklang an das Vorhor, das einzige, das in des Landvermessers Gedächtnis zurückgeblieben war. Ebenso bedeutungslos im Hinblick auf Vergangenes in seinem Leben ist die klischeehafte Formel, er habe „Frau und

Kind" verlassen; es wirkt wenig wahrheitsgetreu, wenn es in seinen späteren Heiratsabsichten (Frieda!) nicht mehr erwähnt wird.

Die Isolierung als „Fremder" — Martini spricht von der „Schuld des Fremdlings", „der die Ordnung, in die er einbricht, beunruhigt und auflöst"[107]) – enthält zugleich den Verlust alles Eigenen und jedes Besitzes, wie es für den Kafkaschen Menschen eigentümlich ist. Es ist die Rede davon, daß er in ärmlicher Kleidung und ohne das Notwendigste an Habe auftritt. K.s äußere Armut ist ein durchgehendes Motiv im Roman. Wir hören, daß er nur einen kleinen Wäschevorrat besitzt (S. 151); er hat nur einen einzigen Anzug (S. 142) und besitzt keinen Mantel, um sich vor der eisigen Kälte zu schützen (S. 46, 474, 543). In diesem Zustand des Ausgesetztseins erinnert er an den Ich-Erzähler in der Geschichte „Der Bau", der an einer Stelle sagt: „. . . mir ist manchmal, als verdünne sich mein Fell, als könnte ich bald mit bloßem, kahlem Fleisch dastehen und in diesem Augenblick vom Geheul meiner Feinde begrüßt werden."[108]) Sehr aufschlußreich ist in dieser Hinsicht ein Brief Milenas an Max Brod: „Er (Kafka) ist ohne die geringste Zuflucht, ohne Obdach. Darum ist er allem ausgesetzt, wovor wir geschützt sind. Er ist wie ein Nackter unter Angekleideten."[109]) Binder versucht, diese äußerste

---

[107]) Fritz Martini, Franz Kafka, „Das Schloß", in: Das Wagnis der Sprache, Stuttgart, 1954, S. 333.

[108]) Franz Kafka, „Der Bau", in: Beschreibung eines Kampfes, a.a.O. S. 183.

[109]) Max Brod, Franz Kafka, Eine Biographie, Frankf. a.M. 1959.

Ärmlichkeit des Kafkaschen Menschen auf frühe Einwirkungen zurückzuführen, die die Erzählungen des Vaters auf den Sohn ausgeübt haben: „Hatte dieser (Hermann Kafka) jahrelang ungenügende Winterkleidung, so tritt K. ohne Pelz auf (S. 543: „heruntergekommen, daß es einem ans Herz geht" . . .), so hat das seine Entsprechung darin, daß K. in der Hütte des Barnabas „in ärmlichem Aufzug und mit einem nassen Rock erscheint."[110]) Über den Aspekt des ärmlichen Erscheinungsbildes hinaus, wird das Äußere der Hauptfigur kaum je angedeutet. K. ist in dieser Hinsicht noch weit mehr zurückgenommen und undefiniert als andere Gestalten des Romans, bei denen immerhin von der Statur, der Art des Ganges oder auch von mehr oder minder starken Bärten die Rede ist. Es scheint, als sei diese Figur – jenseits aller zufälligen naturgegebenen Differenziertheit der jeweiligen Erscheinungsform – nur auf eine einzige Orientierung angelegt: auf den unablässigen Kampf mit der Gegenmacht des Schlosses, in dessen Machtbereich zugelassen zu werden sein einziges, unablässiges Bestreben ist. Sein Eintritt in das Dorf, von dem aus er den Zugang zur Welt des Schlosses erringen will, bedeutet vom ersten Augenblick an Störung des Schloß-Dorf-Komplexes. So sehr – oder gerade weil – schon zu Anfang über allem die Signatur des Verfehlten und auch in Zukunft zu Verfehlenden liegt – im Gespräch mit der Wirtin (4. Kap., S. 52) wird das in Worte gefaßt: „Wie soll er (der Landvermesser) es denn sonst verstehen, was uns selbstverständ-

[110]) Hartmut Binder, Kafka-Kommentar zu den Romanen, a.a.O. S. 280.

lich ist, daß Herr Klamm niemals mit ihm sprechen wird, was sage ich ‚wird', niemals mit ihm sprechen kann" – wird dennoch die Intensität dieses Kampfes nicht beeinträchtigt. K. benutzt das Wort „Kampf" für seine Unternehmungen, zum Schloß zu gelangen, schon in jenem Augenblick, als er sich klar wird, daß das Schloß „den Kampf lächelnd aufnahm" (S. 10). Damit ist seine Verhaltensweise gekennzeichnet. Es ist durch Kafkas Äußerungen häufig belegt worden, daß er sein Leben im Bilde des Kampfes sah.[111]) Er findet sogar für einen Erzählungsband den Sammeltitel „Beschreibung eines Kampfes" und bringt so seine Lebensproblematik zum Ausdruck. Binder[112]) deutet auch seine Vorliebe für Kriegsbücher und Beschreibung von Schlachten in der gleichen Richtung und findet eine solche Haltung als differenzierte Leitmetapher durch sein gesamtes Werk hindurch wieder. Im Schloßroman unternimmt K. diesen „Kampf" um Zulassung und Anerkennung mit der Anspannung aller seiner Kräfte: in endlosen Reflexionen und Gesprächen, in unentwegt unternommenen und wiederholten Anläufen veranschaulicht sich sein ständiges Bemühen, seinem Ziel näherzukommen. Alle Beziehungen werden nur aufgenommen im Hinblick auf die Möglichkeit, dadurch dem Schloß näherzukommen: jedoch der in sich zurückgezogene Gegner bleibt unangreifbar, in gelassener Überlegenheit, in unnahbarer Verschlossenheit. Daher verlaufen alle Bestrebungen, so überlegt sie auch geplant sind, ins Leere, wie es sich in den vielen Gesprä-

[111]) vgl. ebd, S. 281.

[112]) ebd.

chen, Verhandlungen und Verhören verdeutlicht. Auch die Wirtin weist daraufhin, daß K.s unablässiger Kampf, Klamm und das Schloß zu erreichen, von vornherein zum Scheitern verurteilt ist, da K. als „Fremder" die Gegenmacht des Schlosses nicht versteht: „Sie sind nicht aus dem Schloß, Sie sind nicht aus dem Dorfe, Sie sind nichts. Leider aber sind Sie doch etwas, ein Fremder, der überzählig und überall im Weg ist, einer, wegen dessen man immerfort Scherereien hat . . ." (S. 52). Und weiterhin: „Sie sind ja gar nicht imstande, Klamm wirklich zu sehen, . . ." (S. 52). Diese Worte drücken aus, wie unendlich der Abstand ist, der K. von der Welt des Schlosses trennt. Daraus ergibt sich, daß K.s Unternehmungen, sich um jeden Preis an Klamm heranzudrängen, als arrogant und verständnislos beurteilt werden. Aber auch diese so schonungslos ausgesprochene Mißbilligung kann K. in seinem Kampf nicht irre machen: „. . . und wenn ich jetzt auch verlange, mit Klamm zu sprechen, und nicht einmal durch Ihre Erklärungen davon abgebracht bin, so ist damit noch nicht gesagt, daß ich imstande bin, den Anblick Klamms ohne dazwischenstehende Tür auch nur zu ertragen ... Aber eine solche, wenn auch berechtigte Befürchtung ist für mich noch kein Grund, die Sache nicht doch zu wagen." (S. 53). Wir sehen, daß nicht nur die Wirtin jedes mögliche Argument für das Gelingen durch die Erfahrung aufhebt – „Es ist unmöglich, . . . und ich sehe, daß Ihnen die Fähigkeit fehlt, es zu begreifen" (S. 54) – , sondern daß K. selbst mit voller Einsicht in die Möglichkeit des Scheiterns den Kampf fortführt. Es geht hier um die eine existentielle Grunderfahrung Kafkas, die in seiner Hauptfigur veranschaulicht wird: K. will und muß in diese sich ihm verschließende Welt des Schlosses eindringen: er tut es, indem er sich aufdrängt und so den Weg – über Klamm – erzwingen will. Noch in der Demut des Wartens in der berühmten Szene im Herrenhof sieht Martini[113]) die versteckte Tendenz, Gewalt auszuüben und der Gegenmacht Herr zu werden. „Er glaubt an die Mittel einer intellektuellen Interpretation, die beim richtigen Erwägen aller Möglichkeiten durch den Scharfsinn ihrer Kombinationen zum richtigen Handeln und damit zum richtigen Behandeln dieser widerstrebenden Mächte kommen wird."[114]) Insoweit erscheint Martini der Schloßroman als „die Groteske und die Tragödie dieses selbstgewissen konstruktiven Rationalismus."[115]) Das ist sicherlich ein Aspekt in der Hauptfigur, der nicht übersehen werden kann. Uns erscheint noch eine andere Fragestellung wichtig, die sich im Vergleich des „Schlosses" mit anderen Texten Kafkas aufdrängt: Wir denken an die kurze Erzählung „Die Prüfung", von der schon zu Beginn der hier durchgeführten Analyse die Rede war. Schon ein flüchtiger Blick in den Erlebnisraum des Geschehens in „Die Prüfung" läßt erkennen, daß die Metaphorik des „Herrenhauses", auf das der Held mit ausschließlicher Intensität bezogen ist, im Hinblick auf das „Schloß" Vergleichspunkte und Annäherungen bietet, wieweit auch die Unterscheidungen sonst

[113]) vgl. Fritz Martini, Franz Kafka, „Das Schloß", in: Wagnis der Sprache, a.a.O. S. 328.

[114]) ebd, S. 328.

[115]) Fritz Martini, Franz Kafka, „Das Schloß", in: Das Wagnis der Sprache, a.a.O. S. 328.

reichen mögen. Die ausschließliche Orientierung K.s auf das, was ihm im Schloß als Hoffnung und Ziel erscheint, gleicht der ebenso ausschließlichen, unablenkbaren Hinwendung des „Dieners" zum „Hause des Herrn" in der „Prüfung", – jenes Dieners, der sein Dasein darin erschöpft, zu den Fenstern des Herrenhauses „hinüberzusehen". Aber die Intensität der Orientierung des Ich auf sein Ziel, zugelassen zu werden in das Haus des Herrn, stellt sich in beiden Texten nicht in den gleichen Verhaltensweisen dar. Während K. in nimmermüden Unternehmungen und Überlegungen versucht, sich den Eintritt in das Schloß zu erzwingen, verharrt der Diener in der äußersten Passivität: ausgestreckt und ausgesetzt auf der Pritsche seines fensterlosen Zimmers oder in geduldigem Warten auf dem Beobachtungsplatz des Wirthauses, von wo er zu den Fenstern des Herrenhauses hinübersehen kann. Ein Blick auf den Ausgang beider Erzählungen könnte zur Klärung beitragen. Der Diener auf der Pritsche weiß noch sehr wenig; er hat nur eine ungewisse Ahnung von den Wohnungen der Herrschaft. Aber eines Tages kommt ein Bote aus dem Innern des Herrenhauses, und in seinen Worten findet sich – verrätselt und geheimnisvoll – ein Hinweis, daß er „gerufen" wird: „Wer die Fragen nicht beantwortet, hat die Prüfung bestanden." Von K. im „Schloß" wissen wir – laut Max Brod, der sich auf Informationen des Autors beruft, daß K.s Bestätigung, im Schloß zugelassen zu sein, gerade in dem Augenblick erfolgt, als er vor Erschöpfung gestorben war. Selbst wenn wir einen solchen Schluß als Scheitern ansehen müßten – was nicht die einzige Möglichkeit der Deutung wäre – , selbst wenn wir hier die bekannte Stelle aus dem „Prozeß" hinzuzögen: „Das Warten ist nicht nutzlos, ... nutzlos ist nur das selbständige Eingreifen"[116]), so ist dennoch nicht deutlich auszumachen, ob das Verhalten des Kampfes, des unermüdlichen Einsatzes aller Kräfte, wie K. es hier unternimmt, das Suchen nach dem ersehnten Ziel noch in dem Bodensatz der Bierpfützen und des Unrats, – daß dieser kämpferische Weg möglicherweise auch ein Weg ist, sich dem Schloß zu nähern. So viel ergibt sich aus der Ambivalenz der Möglichkeiten im Werke Kafkas: der Autor hebt an keiner Stelle die Verrätselung auf. –

b) Die Zwischeninstanzen: Gehilfen und Boten

„Gehilfen" sowohl wie „Boten" sind Zwischenglieder zwischen K. und der Gegenwelt des Schlosses; die Funktionalität dieser Figuren ist in den Bezeichnungen „Gehilfe" und „Bote" zum Ausdruck gebracht. Entsprechend Kafkas Prinzip der „Aufhebung"[117]), wird der eigentliche Sinngehalt der Wörter hier ad adsurdum geführt: Ein Gehilfe ist – dem Worte nach – jemand, der hilft; ein Bote, jemand, der Nachrichten bringt, die eine Verbindung schaffen sollen zwischen den jeweiligen Instanzen. Beides trifft für die im Schloß unter diesen Bezeichnungen auftretenden Figuren nicht oder nur unzulänglich zu. Was insbesondere die „Gehilfen" betrifft, so wird der Begriff „Hilfe" hier geradezu ins Gegenteil verkehrt: diese Figuren machen in ihren Verhaltens-

---

[116]) Franz Kafka, „Der Prozeß", S. 211.

[117]) vgl. Martin Walser, Versuch über Kafka, a.a.O. S. 85 ff.

weisen eher den Eindruck, K., dem sie beigegeben sind, von seinem Streben nach der Nähe des Schlosses abzubringen. Auf alle erdenkliche Weise treten sie als Störfaktoren auf, die die Situation verwirren und damit K.s Absichten schaden.

In Kafkas Werk ist diese Aufhebung der Funktion in den Figuren keine Seltenheit: es gibt Diener, die nicht zum Dienst gerufen werden, Landvermesser, die keinen Auftrag haben, Land zu vermessen, Schutzleute, die keine sind, da sie weder Schutz bieten, noch Auskünfte erteilen („Gib's auf!"). Ebenso gibt es – im vorliegenden Fall – Boten, die keine Verbindungen schaffen, und Gehilfen, die keine Hilfe bringen, sondern das Gegenteil. –

Wie sehen nun diese „Gehilfen" aus, die K. vom Schloß als Begleiter in allen Lagen beigegeben sind? Wie aus dem Erzählzusammenhang ersichtlich ist, werden sie ihm aufgezwungen; sie sind keine Gehilfen seiner Wahl. Kafka erwartet – laut Aussage (in Kap. I) – seine Gehilfen mit ihren Instrumenten und erhält statt dessen „vom Schloß hergeblasene Jungens", wie er selbst sagt. Bei dieser Gelegenheit wird er belehrt, daß sie ihm nicht „zugelaufen", sondern „zugeteilt" sind, nicht „bedenkenlos hinabgeschneit", sondern ihm in einer bestimmten Funktion aufgezwungen. Ihre Begleiterschaft ist also keinesfalls „zufällig", wie die von ihm gebrauchten Ausdrücke augenscheinlich meinen, sondern „schicksalhaft". Der geheimnisvollen und für K. undurchschaubaren Funktion entsprechend, sind sie als Figuren ausgestattet: es sind undifferenzierte, blutarme, junge Leute, – lustig und reichlich einfältig. Wir hören von der „Öde sinnlose(r) Lebehaftigkeit Kaminers", von ihrem Herumhüpfen und Armausstrecken. Sie zupfen, beklopfen ihren Rükken, lieben es, mit ausgestrecktem Zeigefinger zu deuten, sie äußern sich in aufgescheuchten und dann plötzlich erstarrenden Gebärden. In diesen Gebärden liegt zugleich etwas Koboldhaftes und Mechanisches: ihr Fleisch macht manchmal den Eindruck, „als sei es nicht recht lebendig", wir hören von ihrem „elektrischen Gang", als seien sie Marionetten, die mechanischen Kräften gehorchen. Das Koboldhafte dieser Figuren drückt sich aus in ihrem „Winseln und an-die-Scheiben-Klopfen", in ihrem „Lispeln, Kichern, Seufzen und Starren". Auf K. wirken sie äußerst lächerlich und störend; als Narren und Spaßmacher haben sie augenscheinlich die Funktion, K. von dem Ernst seines Strebens abzubringen. – Die Gehilfen K.s – und darin liegt das Absurde ihrer Funktion – tragen auch dazu bei, daß alle Unternehmungen K.s im Hinblick auf das Erreichen seines Zieles scheitern. –

Charakteristisch für die Gehilfen ist, daß sie zwar zu zweien auftreten, aber in einer gewissen, fast mechanischen Übereinstimmung handeln und so als Figuren völlig undifferenziert sind. Walser[118]) weist darauf hin, daß sie Verwandlungen unterliegen, wenn sie aus ihrer Funktion dem Helden gegenüber heraustreten. Eine solche Verwandlung erfolgt schlagartig, so daß K. von einem Augenblick zum anderen den einen Gehilfen nicht wiedererkennt: „. . . er schien älter, müder, faltiger, aber voller im Gesicht, auch sein Gang war ganz anders als der

[118]) vgl. Martin Walser, Versuch über Kafka, a.a.O. S. 54.

flinke, in den Gelenken wie elektrisierte Gang der Gehilfen . . ." (S. 269). Nachdem sie von K. entlassen waren, hatten sie ihre fröhliche Jugend verloren. Wesen und Wesensausdruck dieser Figuren ist somit an ihre Funktion gebunden. –

Bezeichnend für diese Figuren ist es, wie sie zu Beginn des Romans eingeführt werden (S. 23). Das hier gebrauchte Bild veranschaulicht ihre Funktion: „K. in der Mitte, rechts und links die Gehilfen." Man kann sagen, daß K. von ihnen eingerahmt ist, man kann aber auch von „arretiert" sprechen. K. stellt an sie die absurde Frage, ob sie seine Gehilfen seien, denen er den Auftrag gegeben hatte, mit den Instrumenten nachzukommen. Auf genauere Fragen, weshalb sie so verspätet erscheinen, antworten sie widersprüchlich, ohne eine Erklärung für diese offensichtlichen Widersprüche zu geben. Wir rücken den Dialog zwischen K. und den beiden Gehilfen hier ein, weil er in seiner Konzeption typisch für Kafka ist: „Übrigens", sagte K, „. . . ihr habt euch sehr verspätet, ihr seid sehr nachlässig." „Es war ein weiter Weg", sagte der eine. „Ein weiter Weg", wiederholte K., „ aber ich habe euch getroffen, wie ihr vom Schlosse kamt." „Ja", sagten sie ohne weitere Erklärung. „Wo habt ihr die Apparate?" fragte K. „Wir haben keine", wiederholten sie. „Die Apparate, die ich euch anvertraut habe", sagte K. „Wir haben keine", wiederholten sie. „Ach, seid ihr Leute!" sagte K., „versteht ihr etwas von Landvermessung?" „Nein", sagten sie. „Wenn ihr aber meine alten Gehilfen seid, müßt ihr doch das verstehen", sagte K. Sie schwiegen. – In diesem Hin und Her von Fragen und Antworten, in denen wiederholt, aber nicht erklärt wird, kann man mit einer gängigen Definition des Wortes „Gehilfen" nichts anfangen. Sie wirken von der Pose her eher als Behinderung. Sie sehen einander ähnlich wie „Schlangen" heißt es im Anschluß an das Gespräch (S. 23). K. verglich ihre Gesichter und konnte sie nicht unterscheiden: „Man unterscheidet euch nur durch die Namen." „Man unterscheidet uns sonst gut", sagten sie zur Rechtfertigung. „Ich glaube es", sagte K., „ich war ja selbst Zeuge dessen, aber ich sehe nur mit meinen Augen, und mit denen kann ich euch nicht unterscheiden. Ich werde euch deshalb wie einen einzigen Mann behandeln . . . das hat für mich einen großen Nachteil, daß ich euch nicht für gesonderte Arbeit verwenden kann, aber dafür den Vorteil, daß ihr für alles, was ich euch auftrage, gemeinsam ungeteilt die Verantwortung tragt." (S. 23). Auch an dieser Stelle drängt sich ein Vergleich zu einer anderen Erzählung Kafkas auf. In „Der Schlag ans Hoftor" werden Bruder und Schwester als eine Person mit gemeinsamer Verantwortung vor dem Richter gesehen: „Schon waren die Reiter bei uns, noch von den Pferden herab fragen sie nach meiner Schwester (die den Schlag getan hatte oder hatte tun wollen). Sie sei augenblicklich nicht hier, . . . werde aber später kommen. Die Antwort wurde fast gleichgültig aufgenommen; wichtig schien vor allem, daß sie mich gefunden hatten."[119])

Benjamin weist in seiner Arbeit über Kafka darauf hin, daß diese „Gehilfen" den indischen Ghandar-

---

[119]) Franz Kafka, Beschreibung eines Kampfes, S. 107.

ven nahestehen: „Indische Sagen kennen die Ghandarven, unfertige Geschöpfe, Wesen im Nebelstadium. Von ihrer Art sind die Gehilfen Kafkas; keinem anderen Gestaltenkreise zugehörig, keinem fremd ... Noch sind sie aus dem Mutterschoße der Natur nicht voll entlassen und haben darum „sich in einer Ecke auf dem Boden auf zwei Frauenröcken eingerichtet."[120]) Bei Heinrich Zimmer findet man zu „Ghandarve": „Die Gottheit ist im allgemeinen von einem Hofstaat umgeben, der das Wesen ihrer Erscheinung verdeutlichen hilft. Traditionell in seinem Bestande ist auch das Gewimmel niederer göttlicher Wesen, das den Gott umgeben muß, wenn er sich im Trivikrama-Aspekt ruhevoll präsentiert: Musizierende Genien (Gandharva) schweben über Wolken und tragen ihre Frauen, die auf ihren Schenkeln reiten ..."[121]) Daß Kafka auch den Hofstaat der indischen Gottheit als Anregung benutzt hat, ist – wie Benjamin meint – nicht auszuschließen. Wenn wir von daher an die Suspension – vielmehr: Umstürzung – des Ethischen denken, von der o. die Rede war, so schlösse sich eine solche Deutung sinnvoll an. Aber auch ein solcher Vergleich kann nur im Sinne einer Möglichkeit verstanden werden. –

Zwischen den Gehilfen und den Boten besteht eine Ähnlichkeit, auf die Kafka im „Schloß" hinweist. Auch Walser[122]) faßt Boten und Gehilfen als „Begleiter"

---

[120]) Walter Benjamin, Schriften II, F. Kafka, Frankf. S. 202.

[121]) vgl. Heinrich Zimmer, Mythen u. Symbole in indischer Kunst und Kultur, Zürich 1951.

[122]) vgl. Martin Walser, Beschreibung einer Form, a.a.O.

zusammen, was uns jedoch nicht unbedingt überzeugend erscheint. Der einzige Bote im „Schloß", von dem ausführlich die Rede ist, ist der junge Barnabas, der sich in seiner Verhaltensweise doch recht augenfällig von den Gehilfen unterscheidet, wenn auch im Text auf seine Ähnlichkeit mit ihnen hingewiesen wird: „Es bestand eine große Ähnlichkeit zwischen ihm und den Gehilfen, er war so schlank wie sie, ebenso knapp gekleidet, auch so gelenkig und flink wie sie, aber doch ganz anders ... Er war fast weiß gekleidet, das Kleid war wohl nicht aus Seide, es war ein Winterkleid wie alle anderen, aber die Zartheit und Feierlichkeit eines Seidenkleides hatte es. Sein Gesicht war hell und offen, die Augen übergroß. Sein Lächeln war ungemein aufmunternd." (S. 26). Diese verhältnismäßig lange Beschreibung, die dem Schloßboten Barnabas gewidmet ist, stellt ihn einmal in die Reihe der anderen Begleiter und nimmt ihn doch zugleich aus jeder Gruppierung heraus: „... aber doch ganz anders ...". Es sind gewisse Züge und Zeichen, die ihn von den anderen unterscheiden: sein weißes Kleid, das den Schein von Seide hat („Seidenglanz") — auch an anderer Stelle des Romans als „Nähe zum Schloß" verstanden – z. B. der „Schein von Seide", der durch das bleiche Schneelicht auf das Kleid der jungen Mutter fällt (1. Kap. S. 17), später auch auf anderen Kleidern liegt. Ohne Zweifel ist etwas Verklärtes um diese Gestalt, ein Schimmer von Aufmunterung und Hoffnung, wie er von keiner anderen Figur des Romans ausgeht. K. kann sich schon bei der ersten Begegnung mit Barnabas seinem Zauber nicht entziehen: „... hatte sich bezaubern lassen von des Barnabas enger, seidenglänzender Jacke, die dieser jetzt aufknöpfte und unter der ein grobes, grauschmutziges, viel geflicktes Hemd erschien über der mächtigen, kantigen Brust eines Knechtes ..." (2. Kap. S. 35) und ähnlich am Schluß des 10. Kapitels: „So, als sei jetzt alles wieder wie damals, als Barnabas zuerst in seinem Glanz unter die Bauern in die Wirtsstube getreten war ..." Aber auch hier wird über eine Erscheinung keine eindeutige Aussage gemacht; es ist nicht zu übersehen, wie jeder Satz seinen Gegen-Satz zu rufen scheint: Barnabas „in seinem Glanz" und „ein grobes, grauschmutziges, viel geflicktes Hemd über der mächtigen kantigen Brust eines Knechtes ...".

Aber auch noch in der Ambivalenz der Erscheinungsform bleibt unverkennbar, daß die Wirkung des „Boten" auf K. hoffnungsvoll ist: Er war „männlich und doch sanft", sein Blick, sein Lächeln, sein Gang schien eine Botschaft zu sein, mochte er auch von dieser nichts wissen. Es sind immerhin Lichtzeichen in der trüben Dämmerung der Schloßwelt, aber sie bleiben letztlich doch bedeutungslos, da niemand, nicht einmal Barnabas selbst, gewiß sein kann, daß er wirklich vom Schloß als Bote beschäftigt wird. Wie wir aus Olgas Erzählung erfahren (15. Kap.), ist Barnabas kein offizieller Beamter des Schlosses; er hat keine Livree erhalten. Seine Schwester hat ihm einen Anzug zurechtgenäht, damit er die Schloßkanzleien betreten kann. Er, der Sohn aus der verfemten Familie, ist nicht anerkannt, nur zugelassen, seine einzige Belohnung ist die Arbeit, der er sich mit rührendem Eifer widmet. „Schloßdienst" oder – wie in sofortiger Zurücknahme und Einschränkung gesagt wird – „eine Art

Schloßdienst" stellt sich in Olgas Bericht dar als ein mühsames und auf bloße Ausnahme basierendes Unternehmen, wenn von Barnabas' Weg zum Schloß gesagt wird: „Dieser wahrscheinlich ganz unnütze Weg, dieser wahrscheinlich verlorene Tag, diese wahrscheinlich vergebliche Hoffnung." (S. 179). Zwar gelangt Barnabas dann und wann in die Bezirke der höheren Beamten, aber er kennt diese Beamten nicht und irrt sich oft. Von Zeit zu Zeit gelingt es ihm, von dort oben Briefe als Botschaften an K. zu bringen; aber er weiß weder ob sie noch gültig sind noch ob sie überhaupt von Klamm sind. In seinem Essay über Kafka „Das Bildnis des Malers" findet Claude David „die schönste Verherrlichung des Schriftstellers" in der Gestalt des Barnabas im Schloßraum: „. . . indem er nur geduldet in die Kanzleien geht, muß er, ob er will oder nicht, die dortigen Instanzen prüfen und sie somit verdächtig machen. Aber dieses eine Mal bleibt das Bild ohne Schatten; in der Figur des Barnabas verklärt sich die Gestalt des Schriftstellers."[123]) Für uns bleibt eine so fixierte Auslegung der Barnabas-Gestalt fragwürdig, obwohl die Funktion des „Boten" als Träger einer Botschaft, von der man nicht weiß, ob sie eine „Wendung" bringt oder eine „Täuschung" ist, solche Schlußfolgerungen suggerieren könnte. –

Zusammenfassend können wir davon ausgehen, daß der „Bote" Barnabas – kraft einer besonderen Ausstrahlung – Wirkungen ausübt, die K. hoffen las-

---

[123]) Claude David, „Das Bildnis des Malers", in: Literatur u. Kritik, Nov. 1979, 140, S. 604.

sen. Vorstellungen von mythologischen Lichtgestalten scheinen in diese Figur eingeflossen zu sein: Hermes, der schnelle junge Götterbote hat möglicherweise dieser flinken und schwebenden Gestalt („wie du fliegst", S. 31) etwas von seinem Wesen mitgeteilt. Allerdings muß K. im Laufe seiner Erfahrungen mit dem „Boten" erkennen, daß das Schloß auch diesen auf Armeslänge fernhält und daß es ihn, obwohl es ihm dann und wann Botschaften überträgt, so wenig einweiht wie alle anderen. Es entspricht der allgemeinen Haltung, die dem Schloß eigentümlich ist: Botschaften zu übertragen, die im Moment wichtig erscheinen, aber auch gleich wieder zurückgenommen werden und deren Gehalt als Information durchaus fragwürdig ist. –

c) Die Frauen

Es ist häufig bemerkt worden, daß K. die Frauen nur als Mittel zum Zweck benutzt, um sich Klamm zu nähern und damit Zugang zum Schloß zu gewinnen.[124]) Es gibt eine Reihe von Frauengestalten im Schloßroman, die ausschließlich nur in dieser Funktion in Erscheinung treten: Dazu gehören vor allem Frieda und – im Rückblick auf ihre in der Vergangenheit stattgefundene Beziehung zu Klamm - Gardena, die Brückenhofwirtin. Auch Olga aus der Familie Barnabas spielt in dieser Hinsicht eine gewisse Rolle am Rande der Ereignisse; ihre große Erzählung im 15. Kap. des Schloßromans dient der Information über mögliche Wege im Schloß. – Das

[124]) vgl. Martin Walser, Versuch über Kafka, a.a.O. S. 44 ff.

Schankmädchen Pepi, das Frieda im Herrenhof ablöst, gehört in die gleiche Gruppierung, da sie auch von Klamm verführt werden will, Amalia hingegen tritt als Gegengestalt auf und wird in unseren Analysen an gesonderter Stelle betrachtet. –

Beispielhaft muß hier die Gestalt der Frieda ins Auge gefaßt werden, da ihr beim Eintritt K.s in die Dorfwelt gerade bestehendes Verhältnis zu Klamm sie für K. zur Schlüsselfigur macht. Gleich zu Anfang steht außer Zweifel, daß K.s Werben um sie dem einzigen Ziele dient, sich durch sie den Zugang zum Schloß zu verschaffen: sie ist die Geliebte des hohen Schloßbeamten, von dem für K. alles abhängt. Er will durch Frieda „eine fast körperliche, bis zur flüsternden Verständigung nahe Beziehung zu Klamm" schaffen. Frieda bemerkt es auch schon nach den ersten Worten K.s, daß er sie von Klamm abziehen will: „Mein einziger Wert für dich ist, daß ich Klamms Geliebte war." (S. 156). In seiner Absicht, gerade sie zu gewinnen, verbirgt sich die Überzeugung, daß eine Frau, die Klamm einmal zu seiner Geliebten gemacht hat, diesen Rang niemals verlieren kann. Die Romanhandlung führt diesen Glauben ad adsurdum: daß K. unter dem o. bezeichneten Aspekt Klamm nicht nur keinen Schritt näher kommt, daß er sich im Gegenteil dadurch eher von ihm entfernt. Schon bei der ersten Begegnung K.s mit Frieda im Herrnhof fällt ihm ihr überlegener Blick auf; die Botschaft, die von ihr auszugehen scheint, macht es unwichtig, daß sie einen armen, kümmerlichen Körper hat und ältlich aussieht: mit schütterem Haar und gelblichem Gesicht. Ihre Überlegenheit geht auf etwas anderes als auf körperliche Anziehungskraft zurück – dem widerspricht auch nicht die sexuell hemmungslose Liebesszene im nächtlichen Schanklokal – sie ist „ganz ausschließlich als Folge innerer Kräfte“ zu sehen. Eine Antithese zu Frieda ist in dieser Hinsicht ihre Nachfolgerin im Ausschank des Herrenhofes, das Mädchen Pepi, das seine Ziele mit rein körperlichen Mitteln durchsetzen will.“[125]) Jedoch verändert Frieda in dem Augenblick, in dem sie Klamm verläßt, in dem sie aus der Beziehung einer Beamten-Geliebten heraustritt, auch ihr Aussehen, ja ihr ganzes Wesen. Die Frau, die die Nähe Klamms in den Augen von K. so unendlich verlockend gemacht hatte, verliert alles in K.s Händen. Von der Frische und Entschlossenheit, die ihren nichtigen Körper verschönt hatten, war nichts übrig geblieben, als wäre sie gewissermaßen in K.s Armen „verwelkt“. Frieda wird wieder, was sie war, ehe sie Klamms Gebliebte wurde: ein „unscheinbares kleines blondes Mädchen mit traurigen Augen und mageren Wangen“ und einem armen Körper. Am Ende der Romanhandlung wird klar, daß sie zu Klamm zurückkehrt. Ungeklärt bleibt die Frage, was sie dazu getrieben hat, ihn zu verlassen, um sich K. zuzuwenden. Ob auch hier eine geheime, wenn auch nur vorübergehende Sehnsucht in ihrer Seele aufgestiegen war, die Macht des Schlosses, so sehr stimulierend sie auch wirkte, abzuschütteln, um in einer Freiheit zu leben, die jenseits des Schlosses ist? Auf diese Frage gibt der Roman – wie auf so viele Fragen – keine Antwort. Es wäre noch ein Wort zu

[125]) vgl. Hartmut Binder, Kafka Kommentar zu den Romanen, a.a.O. S. 312/13.

sagen über die Einschätzung Friedas im Vergleich zu Amalia; wir kommen bei der Betrachtung der Amalia-Gestalt darauf zurück. –

Als Schattenbild Friedas ist die Figur der Brückenhofwirtin Gardena anzusehen. Sehr deutlich wird in ihrer Lebensgeschichte (6. Kap., S. 78 - 90), wie alles, was wir von ihr erfahren, auf Klamm bezogen ist und weiterhin auf ihn bezogen bleibt. Sie ist in allen ihren Äußerungen die gewesene Geliebte des hohen Schloßbeamten. K. verdankt ihre Aufmerksamkeit ihm gegenüber nur Frieda, aber wiederum nur deshalb, weil Frieda, wie sie selbst, eine Geliebte Klamms war. So stark ist die Solidarität zwischen denen, die ein Gegenstand von Klamms Aufmerksamkeit sind oder gewesen sind. Obwohl Gardenas Beziehung zu Klamm schon zwanzig Jahre zurückliegt und nur sehr kurz gewesen ist, hat sie nichts vergessen und bewahrt drei Andenken an Klamm: Bild des Boten, der sie zu Klamm gerufen hat, Tuch und Häubchen, die von ihm stammen, – Dinge, ohne die sie nicht leben könnte. So sehr auch in mancher Hinsicht ihr Schicksal dem Schicksal Friedas gleicht, so unterscheidet sie sich doch darin, daß sie im Gegensatz zu Frieda an dem großen Leid trägt, von Klamm verschmäht worden zu sein. Nach kurzer Begegnung ist sie von Klamm nicht mehr gerufen worden und fiel der Vergessenheit anheim, als habe er sie nie gekannt. – Sie aber ist ihm für immer verfallen; um der Ehre von Klamms Andenken willen, das ihr Leben ausmacht, muß sie K. aus dem Hause weisen. Auch sie ist nicht differenziert, sie hat keine Eigenschaften, ihr Wesen ist beschlossen in der Hinordnung auf Klamm. Obwohl sie ihre ganze Geschichte erzählt, erfahren wir nichts Individuelles, nichts, was nicht im engsten Zusammenhang mit Klamm stünde. Als Figur im Schloß-Roman dient sie vor allem dazu, Größe, Macht und Einfluß des Schlosses im Dorf und vor K. zu demonstrieren. –

Amalia

Amalia hat für K. keine Funktion im Hinblick auf die Zulassung zum Schloß. Ihre Funktion ist negativer Art: sie ist die einzige im Roman, die dem Schloß trotzt, sich ihm entzieht und damit K. in ihrer Isolation und in ihrem Schweigen sein Gegenbild demonstriert. Sie ist sicherlich die rätselhafteste unter den Frauengestalten und unter allen Figuren überhaupt. Sie wird von Frieda abgelehnt und von K. mißdeutet. In der Familie – obwohl sie die eigentliche Ursache ihres Unglücks ist – wird sie respektiert; ihr Vater macht ihr keinen Vorwurf, und sie ihrerseits kümmert sich um die Pflege ihrer Eltern bis zur Selbstaufgabe. Sie verliert kein Wort über ihr Geheimnis; ihr Verhalten ist Schweigen. –

K. kommt eines Abends zu ihrer Schwester Olga in das Haus des Barnabas und erfährt von ihr die Geschichte Amalias. Olga erzählt offen und rückhaltlos, und K. seinerseits vertraut ihr. Binder sieht hier als Gesprächsvoraussetzung Kafkas Vertrauensverhältnis zu seiner Schwester Ottla, mit der er in der Spätzeit seine Probleme ganz offen besprechen konnte.[126])

---

[126]) vgl. Hartmut Binder, Kommentar zu den Romanen, a.a.O. S. 333 f.

Nach der Vorgeschichte, die den Bruder und Schloßboten Barnabas betrifft, geht Olga zur eigentlichen Geschichte Amalias über: „Amalias-Geheimnis" – „Amalias Schuld und Strafe". Es ist zugleich die Geschichte des Schloßbeamten Sortini, der, mit Feuerwehrangelegenheiten beschäftigt, auf einem Fest der Feuerwehr Amalia zum ersten Male sieht und von ihr hingerissen ist. Olga und Amalia hatten sich wochenlang auf das Fest gefreut und sich besonders dafür geschmückt. „. . . besonders das Kleid Amalias war schön", heißt es im Roman, „die weiße Bluse vorn hoch aufgebauscht, eine Spitzenreihe über der anderen, die Mutter hatte alle ihre Spitzen dazu geborgt, ich war damals neidisch und weinte vor dem Fest die halbe Nacht durch." (S. 188). Diese Vorgeschichte, der in den Kafka-Interpretationen häufig weniger Aufmerksamkeit zugewendet wird als der darauffolgenden Briefszene, gehört unserer Meinung nach zu den interessantesten Stellen des Romans. Hier spielt der ästhetische Aspekt eine besondere, weil seltene Rolle: Kafka verweilt bei der Schilderung des schönen Kleides, von dem alle Einzelheiten mitgeteilt werden. In diesem Zusammenhang erscheint Amalias Herausgehobensein, Abstand von den anderen, ehrfurchtgebietendes Anderssein, dem sich Olga beugt, nachdem sie zunächst voller Neid die halbe Nacht geweint hatte. Neben dem ästhetischen Aspekt findet sich in dieser Vorgeschichte noch das Motiv der Vorahnung: Von Amalia geht an diesem Tag – so geschmückt wie sie ist – etwas aus, was vorausdeuten läßt: ihr wird auf diesem Fest etwas Besonders geschehen. Der Vater drückt es in Worten aus: „Heute, denkt an mich, bekommt Amalia einen

Bräutigam." (S. 188). Sichtbare Wirkung dieser unwillkürlichen Ehrfurcht vor Amalias Besonderheit ist Olgas Verhalten am Morgen des Festes, als sie ihr den einzigen Schmuck, den sie trägt, ihr eigenes Halsband aus böhmischen Granaten auch noch umhängt. Die im allgemeinen auf ein Mindestmaß von Gefühl reduzierte Prosa Kafkas überrascht an dieser Stelle durch den feierlichen Klang, der im Roman gelegentlich nur noch bei der Schilderung des Boten Barnabas zu spüren ist. Eine besondere Signatur eignet Amalia schon vor der Katastrophe mit Sortinis Brief; sie ist etwas Besonderes, beteiligt sich nicht an den Lustbarkeiten des Festes, interessiert sich nicht für die neue Feuerspritze, trinkt nicht von dem süßen Schloßwein: „Nur Amalia kümmerte sich um die Spritze nicht, stand aufrecht dabei in ihrem schönen Kleid, und niemand wagte ihr etwas zu sagen, ich lief manchmal zu ihr und faßte ihren Arm unter, aber sie schwieg." (S. 189). Ähnliches wird von ihr später noch gesagt: „Amalia, schweigsamer als jemals . . .". „Stummheit gehöre zu den Attributen der Vollkommenheit, heißt es einmal bei Ludwig Wittgenstein."[127]) Offensichtlich ist jedenfalls, daß diese so häufig betonte Stummheit Amalias ein Zeichen ihrer Besonderheit ist. –

Eine wichtige Rolle in den Szenen um Amalia spielt das Granathalsband, das, ursprünglich von der Brückenhofwirtin stammend, als Leihgabe Olgas an Amalia gerät und später Sortinis Blick auf sich zieht.

---

[127]) Zit. bei Peter Dettmaring, Ambivalenz u. Ambitendenz i. d. Dichtung F. Kafkas, Lit. u. Kritik, Nov. 1979, S. 619.

Wie sehr es in seinen Augen untrennbar mit dem Mädchen verbunden ist, wird aus der Adresse des späteren Briefes deutlich: „. . . an das Mädchen mit dem Granatenhalsband . . .". (S. 191). Emrich[128]) stellt die These auf, daß dieses Halsband, aus der Sphäre des Erotischen kommend (von Klamm über die Brückenhofwirtin), „als Emblem des Erotischen" einen falschen Eindruck auf Sortini gemacht habe. Ob man dieser sehr fixierten Deutung folgen will, bleibe dahingestellt; sicher ist jedenfalls, daß das Halsband die Augen Sortinis auf Amalia richten läßt. –

Wer ist nun Sortini? (Eine zufällige Namensgleichheit mit „Sordini", der in der Dorfwelt bekannter ist, trägt noch zur Mystifikation der hier erzählten Umstände bei.) Sortini ist ein Schloßbeamter, ein weltungewandter Mann, von dem keine Frauengeschichten im Umlauf sind. – Auf dem Fest verhält er sich ähnlich wie Amalia, – er kümmert sich um nichts. Diese geheime Übereinstimmung fällt ins Auge. Auf diesen zurückhaltenden Mann wirkt der Anblick Amalias so stark, daß er „mit vom Schreibtisch steifen Beinen" über die Deichsel springt, um ihr näher zu sein. Die Gestik, sehr nahe am Komischen, drückt hier das Übermaß an Betroffenheit aus; alle Umstehenden schließen daraus, wie sehr Sortini von Amalia hingerissen ist. Als die anderen sich ihm nähern wollen, wehrt er sie „ab mit erhobener Hand und winkte uns dann zu gehen". (S. 190 f.). Von Amalia sowohl wie von Sortini erfahren wir nichts Genaues, soweit es sich um Mitteilung in

[128]) Wilhelm Emrich, Kafka, a.a.O. S. 359 f.

Worten handelt. Ihre Mitteilung ist das Schweigen. Auch Sortini ist nach diesem ersten Blick auf Amalia noch schweigsamer geworden. Er vergißt völlig seine Amtsgeschäfte, sitzt stumm bis tief in der Nacht auf der Deichsel, die Arme über die Brust gekreuzt, bis der Schloßwagen kommt und ihn abholt. In dieser Übereinstimmung im Schweigen kann man eine Mitteilung der Liebe sehen. Dieser Überzeugung ist auch Olga. Sie allein ist es, die Sortinis Verhalten richtig beurteilt, als er am nächsten Morgen Amalia in einem Brief mit den gemeinsten Ausdrücken auffordert, sofort ins Schloß zu kommen. Sie sagt zu diesem Tatbestand: „Wir legten es uns später so zurecht, daß Sortini ... voll Zorn darüber, daß es ihm auch in der Nacht nicht gelungen war, Amalia zu vergessen, den Brief geschrieben hatte." (S. 192). Und weiter heißt es in ihren Überlegungen: „Wenn die Herren vom Schreibtisch aufstehen, sind sie so, sie finden sich in der Welt nicht zurecht, sie sagen dann in der Zerstreutheit das Allergröbste, nicht alle, aber viele. Der Brief an Amalia kann ja in Gedanken, in völliger Nichtachtung des Geschriebenen auf das Papier geworfen worden sein." (S. 195). Wenn dies wirklich so gewesen sein könnte, so hat Amalia hier nicht durchgeblickt, denn ihre Reaktion ist äußerste Empörung. Durch ihren Schrei am Morgen geweckt, eilt Olga zu ihr und erlebt mit, wie sie den Brief, ohne ihn noch einmal zu lesen, zerreißt und dem Schloßboten ins Gesicht wirft. Wie Olga einerseits die Beweggründe erahnt hat, die hinter Sortinis Verhalten liegen könnten, so versteht sie aber auch das Maß der Entehrung im Innern Amalias, wenn sie sagt: „Wer Amalia nicht kannte und nur diesen Brief gelesen hatte, mußte das Mädchen, an das jemand so zu schreiben gewagt hatte, für entehrt halten, auch wenn sie gar nicht berührt worden sein sollte." (S. 192). So gesehen, kann ihr Verhalten nicht anders sein: ohne das geringste Gefühl von Angst verweigert sie dem Schloßbeamten den Gehorsam. Olga ist es auch, die im Hinblick auf die viel diskutierte „Schuld" der Amalia das entscheidende Wort spricht: „Ich kenne niemanden, der so fest im Recht wäre wie Amalia bei allem, was sie tut." (S. 193). In der Konsequenz der Romanhandlung ist es aber gerade dieses „schuldlose" Recht, das die „Strafe" auf sich zieht; schuldig oder unschuldig hat sie Unglück über ihre Familie gebracht. –

In diesem Verhalten der Empörung und des Stolzes bedeutet Amalia eine Provokation im Schloßroman: sie wird von Frieda abgelehnt, von K. mißdeutet und vom ganzen Dorf verachtet und gemieden. K. z. B. spricht – in der Umkehr der Begriffe – von Frieda als der „Unschuldigen" und von „Amalia in allem ihrem Hochmut". (S. 199). – Wie im Roman, so ist auch die Beurteilung der Amalia-Gestalt in den Kafka-Interpretationen widersprüchlich: an ihrer positiven oder negativen Bewertung scheiden sich die Geister. Binder[129]) gibt in seinem Kafka-Kommentar zu den Romanen einen Überblick über verschiedene Interpretationsrichtungen, diese Gestalt betreffend: Einerseits wird Amalia als negative Figur gesehen, weil sie das „Paradox der Gnade" nicht anerken-

---

[129]) vgl. Hartmut Binder, Kafka, Kommentar zu den Romanen, a.a.O. S. 344 f.

nen will[130]); dem steht nun eine Forschungsrichtung entgegen, die Amalia grundsätzlich positiv bewertet, z. B. Heller, Gray und andere[131]). Emrich[132]) wendet Brods theologische Deutung ins Begrifflich-Philosophische, wenn er Sortini als Allegorie des Geistes an sich begreift. Amalia wird deswegen nicht völlig verworfen: sie erkennt – laut Emrich – daß Geist und Trieb unlösbar verknotet sind, daß Erkennen immer verwirrt wird duch Triebgebundenheit. Sie versteinert dabei, und ihr Auge wird stumpf. Wenn man Emrich liest, erscheint vieles überzeugend, – liest man aber dann wieder den Text selbst, wird man irre. Kafka – so scheint es uns – wird von Emrich psychologisiert; die menschlichen Beziehungen werden geklärt und in Zusammenhang gebracht. Dennoch will es uns manchmal scheinen, als seien sie letztlich einfach nicht zu klären. Was Kafka im Text sagt – oder besser von Olga sagen läßt – ist bei weitem faszinierender als begriffliche Deutungsversuche. Amalia ist in der Gruppierung der Frauen eine Ausnahme wie Sortini unter den Männern; Olga sieht in dem Brief des letzteren – obwohl der Brief in seiner So-Beschaffenheit nichts von einem Liebesbrief an sich hat – ein Paradox der Liebe, wenn sie sagt: „Sortini war vielmehr offenbar böse, daß der Anblick Amalias ihn ergriffen, ihn von seinen Geschäften abgehalten hat.“ (S.

---

130) vgl. A. Camus, Die Hoffnung u. das Absurde im Werk F. Kafkas, in: Der Mythos d. Sisyphos, Reinbek 1959, S. 108.

131) Zit. bei Hartmut Binder, Kafka-Kommentar zu den Romanen, a.a.O. S. 344 f.

132) vgl. Wilhelm Emrich, Kafka, a.a.O. S. 363.

192). In diesem Satz wird ein Absolutheitsanspruch des Gefühls in pervertierter Form erkannt. Angesichts dieser Äußerung bleibt uns die mögliche Deutung, daß Amalia hier nicht durchblickt, daß die – ihrerseits gerechtfertigte – Empörung, die sowohl Olga wie auch der Vater verstehen, ihr den Weg des Verständnisses verstellt, welche Meinung in o. angeführten Zitaten von Olga vertreten wird. Olga ist es auch, die für sich den Zweifel an der Liebe Amalias zu Sortini aufhebt, wenn sie sagt: „Nun ja, sie hat ihn nicht geliebt, aber vielleicht hat sie ihn doch geliebt, wer kann das entscheiden? Wie kann sie glauben, ihn nicht geliebt zu haben, wenn sie ihn so kräftig abgewiesen hat, wie wahrscheinlich noch niemals ein Beamter abgewiesen worden ist?" (S. 196 f.).

Methodisch-didaktische Hinweise

Vorbemerkung

Wenn heute die Frage gestellt würde, wer als der bedeutendste Dichter der neueren Zeit anzusehen sei, von wem auf dem Gebiet der Literatur der am stärksten verwandelnde Einfluß ausgegangen ist, so wird über allem Zweifel sein, daß Kafka dieser Rang gebührt. Erst mit einer Verspätung von Jahrzehnten allerdings hat er sich die Welt erobert, lange nach seinem Tod und augenscheinlich wider seinen Willen, wie sein Testament verrät, wonach er die meisten seiner Schriften vernichtet wissen wollte. –

Wie groß nun freilich der Kreis ist, der seine Dichtungen wirklich liest und kennt, ist eine andere Frage. Dafür ist die Symbolik seines Werkes zu dunkel und undurchsichtig, sein Sinngehalt zu widersprüchlich und rätselhaft. Dennoch sind wir der Meinung, daß besonders der junge Mensch unseres Zeitalters ein Anrecht darauf hat, mit seiner Dichtung bekannt zu werden, denn es ist die Welt, in der er lebt und leben wird, die hier mit dem Willen zur Wahrheit nachgezeichnet – und nach des Dichters eigenen Worten – „stärker beleuchtet" wird. –

Die hier analysierten Texte – die Romane „Der Prozeß" und „Das Schloß" – sind für den Unterricht in der Oberstufe des Gymnasiums geeignet. –

Hinweise zur Erschließung der Romane im Unterricht

Unterrichtsreihe

Thema: Franz Kafka
„Der Prozeß"
„Das Schloß"

Unterrichtsplanung und Aufgabenvorschläge

Vorbemerkung

Es empfiehlt sich, die Romane „Der Prozeß" und „Das Schloß" über einen längeren Zeitraum vor der Behandlung im Unterricht als Hausarbeit zusammenhängend lesen zu lassen, damit so ein unbeeinflußter allgemeiner Eindruck gewonnen werden kann.

A. Zur allgemeinen Einführung:
Kafkas Persönlichkeit als Dichter
(Lehrervortrag)

Es wird vorgeschlagen, zur Einsicht in diesen Sachverhalt, exemplarische Stellen aus dem „Brief an Max Brod" (25. 7. 1922) und aus weiteren Briefen und Tagebuch-Notizen heranzuziehen.

B. Erarbeitung der Romane im Unterricht

1. „Der Prozeß"

Es wird vorgeschlagen, in der Unterrichtsreihe mit dem Prozeß-Roman zu beginnen, da dieser in seiner Thematik faßbarer und akzentuierter ist als der Schloß-Roman.

Zur Einführung in den Roman „Der Prozeß" eignet sich die Lesung der in der Thematik verwandten Erzählung „Der Schlag ans Hoftor"[133]). Dabei empfiehlt es sich, diesen kurzen Text vorzulesen, um den direkten Eindruck auf den Hörer zu vermitteln. Die Schüler werden so mit der Thematik von Schuld und Strafe wie auch mit Kafkas Gestaltungsform (Erzähleinstieg, Erzählperspektive, Vokabular und Metaphorik) konfrontiert, was den Einstieg in die komplizierteren Roman-Texte erleichtert.

Aufgabenvorschläge

1. Untersuchen Sie Aufbau und Gliederung des Romans. (Unterteilung in 10 Kapitel mit Überschriften – keine lineare Entwicklung des Geschehens, sondern Kreisbewegung der Mittelpunktsgestalt um die Prozeßhandlung)
2. Welche Bedeutung haben die großen Redepartien (Das Advokatengespräch – die Unterredung mit Titorelli – der Dialog mit dem Geistlichen im Dom) für die Prozeß-Handlung?
3. Untersuchen Sie in diesem Zusammenhang die Konfrontation der Hauptgestalt Josef K. mit der Gegenwelt des Gerichts.
4. Was erfahren wir über das Zeitverständnis im Roman?
5. Erweisen Sie an der exemplarischen „Prüglerszene" und ihrer Fortsetzung, daß die Zeit hier nicht als „Entwicklung", sondern als „Stillstand" verstanden wird.

---

[133]) ausführlich interpretiert in: I. Scholz, Franz Kafka, Kleine Prosa, S. 48 - 54, Bange Verlag 1978.

6. Kennzeichnen Sie – an den im Roman auftretenden Raumvorstellungen (Gerichtsräume: Dachböden, fensterlose Kammern, enge, stickige Korridore) – die Auffassung des Raumes als rein funktionales Element.
7. Stellen Sie in einer Detail-Analyse von „Ein Traum“ und „Vor dem Gesetz“ den unmittelbaren Zusammenhang dieser Texte mit dem Prozeß-Roman heraus.

2. „Das Schloß“

Zur Einführung: Der rätselhafte Ort
Thema der Einführungsstunde: Theorien über die Realien des Schlosses im Roman (s. dazu meine Ausführungen in Kap. 4 des vorliegenden Bandes!)
Zur Ergänzung: Einstimmung in die Atmosphäre des Schloßromans durch Lichtbilder-Vortrag über Prag und die Prager Burg.

Aufgabenvorschläge

1. Erweisen Sie am Ablauf des Geschehens und seiner Gestaltung das Fragmentarische des Romans.
2. Untersuchen Sie Erzählperspektive (Bericht in der Er-Form vom Blickpunkt der Hauptfigur aus) und Bauform (Wechsel von Bericht und Dialog) des Romans.
3. Charakterisieren Sie die Hauptfigur – den Landvermesser K. – in seinen äußeren Umständen und in seiner existentiellen Grundhaltung (Namenlosigkeit, Herkunft, absolute Orientierung auf das Schloß hin).

4. Welche Bedeutung haben die Zwischeninstanzen (Gehilfen, Boten, Frauen) für K.s Kampf um Zulassung zum Schloß?
5. Kennzeichnen Sie K.s Beziehung zum Dorf (Auftreten als „Fremder").
6. Charakterisieren Sie die Beamtenhierarchie des Schlosses – mit besonderer Berücksichtigung des Hauptrepräsentanten Klamm. (Namengebung: „Klamm" = Zeichenwert – schillernde Identität seiner Person [Wer ist Klamm?] – Klamm als wichtigster Bezugspunkt zum Schloß – Beschreibung Klamms, durchs Schlüsselloch gesehen, 3. Kap.)
7. Was wird im Roman über den rätselhaften Ort des Schlosses ausgesagt? Ist es ein „Ort der Gnade" (s. Max Brod!) oder eine Metapher für eine „Hierarchie der Macht" (s. Adorno!)?

Abschlußdiskusssion der Unterrichtsreihe über die Frage:
Entsprechen Kafkas längere Prosawerke „Der Prozeß" und „Das Schloß" der traditionellen Vorstellung eines „Romans"? (Zum Vergleich: Ausgangspunkt von charakteristischen, den Schülern bekannten Beispielen der Romanliteratur).

Literaturverzeichnis

1. Kafkas Werke

Kafka, Franz: Der Prozeß, hrsg. von Max Brod, Frankfurt 1946.

Das Schloß, hrsg. von Max Brod, S. Fischer Verlag, Frankfurt 1946.

Erzählungen, hrsg. von Max Brod, Frankfurt 1967.

Beschreibung eines Kampfes, Novellen, Skizzen, Aphorismen aus dem Nachlaß, hrsg. von Max Brod, Frankfurt 1946.

Tagebücher 1910 - 1923, hrsg. von Max Brod, Frankfurt 1954.

Briefe, hrsg. von Max Brod, Frankfurt 1966.

Janouch, Gustav: Gespräche mit Kafka. Erinnerungen und Aufzeichnungen, erweiterte Ausgabe, Frankfurt 1968.

2. Literatur zu Kafka

Benjamin, Walter: Franz Kafka. Zur zehnten Wiederkehr seines Todestages, in: Schriften Bd. II, Frankfurt 1955, S. 196 - 228.

Binder, Hartmut: Kafka-Kommentar zu den Romanen, Rezensionen, Aphorismen und zum Brief an den Vater, München 1976.

Kafka-Kommentar zu sämtlichen Erzählungen, München 1975.

Brod, Max: Franz Kafka. Eine Biographie, Frankfurt 1954.

Camus, Albert: Die Hoffnung und das Absurde im Werk Kafkas, in: Der Mythos des Sisyphos, Reinbek 1959.

David, Claude: Das Bildnis des Malers, in: Literatur und Kritik 1979, 140, S. 604.
David, Claude: Zwischen Dorf und Schloß. Kafkas Schloßroman als theologische Fabel. In: Ordnung des Kunstwerks. Sammlung Vandenhoeck in Göttingen 1983.
Emrich, Wilhelm: Franz Kafka, Frankfurt 1965.
Die Literaturrevolution und die moderne Gesellschaft, in: Akzente, Ztschr. f. Dichtung, 3. Jg., 1965.
Fietz, Lothar: Möglichkeiten und Grenzen einer Deutung von Kafkas Schloßroman, in: DVjs. 37, 1963.
Frey, Gesine: Der Raum und die Figuren in Kafkas Roman „Der Prozeß“, Marburg 1965.
Goldstücker, Eduard: Die Aufnahme Franz Kafkas in der Tschechoslowakei. In: Akzente 1966, S. 320.
Grebenickowa, Ruzena: Kafka und das Thema des Schreibens. In: neue Rundschau 1983, H. 4, S. 171.
Greenberg, Martin: The Terror of Art. Kafka and Modern Literature, New York, 1968.
Hasselblatt, Dieter: Zauber und Logik. Eine Kafka-Studie, Köln 1964.
Heintz, Günter (Hrsg.): Zu Franz Kafka: Interpretationen. Stuttgart: Klett-Cotta, 1979 (= LGW-Interpretationen 42)
Heller, E.: Enterbter Geist. Essays über modernes Dichten und Denken, Frankfurt a. M. 1954.
Hillmann, Heinz: Franz Kafka. Dichtungstheorie und Dichtungsgestalt, Bonn 1964.
Honegger, Jürg Beat: Das Phänomen der Angst bei Franz Kafka, Erich Schmidt Verlag 1975.
Kessler, Susanne: Kafka-Poetik der sinnlichen Welt. J. B. Metzler 1983.
Kindlers Literatur Lexikon 18./19. Bd.

Kraus, Wolfgang: in: Literatur und Kritik, Öster. Monatsschrift 1979, 140, S. 578.

Kudszus, Winfried: Erzählhaltung und Zeitverschiebung in Kafkas „Prozeß" und „Schloß", in: Dt.Vjs f. Literaturwiss., 38. Jg., 1964.

Kurz, Gerhard: Figuren. In: Kafka-Handbuch, Bd. 2, S. 120.

Martini, Fritz: Franz Kafka: „Das Schloß", in: Das Wagnis der Sprache, Stuttgart 1954.

Muschg, Walter: Franz Kafka. Der Künstler. In: Gestalten und Figuren. A. Francke Verlag, Beru-München 1969.

Politzer, Heinz (Hrsg.): Franz Kafka. 2. Auflage. Darmstadt: Wissenschaftliche Buchgesellschaft, 1980 (1973) (Wege der Forschung Bd. 322).

Pongs, Hermann: Franz Kafka, Dichter des Labyrinths, Heidelberg 1960.

Rajec, Elizabeth M.: Namen und ihre Bedeutung im Werke Franz Kafkas, Bern-Frankf. — Las Vegas 1977.

Ramm, Klaus: Reduktion als Erzählprinzip bei Kafka, Athenäum Verlag, Frankfurt 1971.

Robert, Marthe: Einsam wie Franz Kafka. Frankfurt/Main: Fischer 1985.

Robert, Marthe: Das Alte im Neuen. Von Don Quichotte zu Franz Kafka, München 1968.

Schillemeit, Jost: Welt im Werk Franz Kafkas, in: Dt.Vjs 38, 1964.

Seidler, Manfred: Strukturanalysen der Romane „Der Prozeß" und „Das Schloß" von Franz Kafka, Masch. Diss. Bonn 1953.

Siefken, Hinrich: Kafka. Ungeduld und Lässigkeit. Zu den Romanen „Der Prozeß" und „Das Schloß". München: Fink 1977.

Sokel, Walter H.: Franz Kafka. Tragik und Ironie. Frankfurt/Main: Fischer 1983 (1964).
Uyttersprot, Herman: Eine neue Ordnung der Werke Kafkas? Zur Struktur von „Der Prozeß" und „Amerika", Antwerpen 1957.
Wagenbach, Klaus: Wo liegt Kafkas Schloß? in: Kafka Symposion 1965.
Walser, Martin: Beschreibung einer Form. Versuch über Franz Kafka, München 1961.
Weinberg, Kurt: Kafkas Dichtungen, Bern 1963.
Ziolkowski, Theodore: Franz Kafka „Der Prozeß", List Verlag München 1972.

Kleine Schachbücherei

Zu erschwinglichen Preisen wird in dieser Reihe für jeden Schachspieler, Anfänger oder Fortgeschrittenen ein reichhaltiges Angebot an fesselnder Lektüre über verschiedene Themen des „Königlichen Spiels“ geboten.

Band 1 Manfred van Fondern
Tips für Anfänger
Eine Einführung für den Laien

Band 2 Manfred van Fondern
Tips für Fortgeschrittene
Eine Einführung für den Schachspieler in das Turnierspiel

Band 4 **Meisterpartien 1960 bis 1975**
Die schönsten Partien der letzten Jahre haben der Großmeister H. J. Hecht und der nationale Schiedsrichter Manfred van Fondern mit vielen Kommentaren versehen und zu einem spannenden Bericht zusammengestellt.

Band 5 Manfred van Fondern/Ralph Mallée
Eröffnungen – Offene Spiele
In dem Band „Offene Spiele“ befassen sich die Autoren, darunter ein deutscher Nahschach- und Fernschachmeister, mit allen Eröffnungsvarianten, die nach den einleitenden Zügen 1. e4 e5 denkbar sind. Dabei wird vor allem der „Königin der Eröffnungen“, der Spanischen Partie, allergrößte Aufmerksamkeit gewidmet.

Band 6 Otto Borik
Eröffnungen: Halboffene Spiele
Der Autor des Buches ist Internationaler Meister und mehrfaches Mitglied der deutschen Olympiamannschaft, der in Fachkreisen als exzellenter Eröffnungskenner gilt.

Band 7 Manfred van Fondern/Ulrich Nehmert
Eröffnungen: Geschlossene Spiele
Abgerundet wird die Eröffnungsreihe mit dem Band „Geschlossene Spiele“, der sich mit allen Spielanfängen nach Zügen wie 1. d4, 1. c4, 1. Sf3, 1. f4 u. ä. beschäftigt. Dabei wird das klassische Damengambit genauso gründlich untersucht wie alle „Indischen“ Spielweisen.

Band 9 Hans-Joachim Hecht
Schach- und Turniertaktik
Aus der Praxis für die Praxis geschrieben. Anregungen und Ausführungen eines Großmeisters.

Band 10 Manfred van Fondern
Roman Dzindzichasvilli: Sein Aufstieg zur Weltspitze
Der Globetrotter in Sachen Schach ist durch seinen furiosen Spielstil bekannt, wie es die 35 in dieser Sammlung ausführlich kommentierten Partien nachdrücklich unterstreichen.

Band 11/12 Manfred van Fondern/Peter Kleine
Robert Hübner
60 seiner schönsten Partien
Hier zeichneten die Autoren dieser Partiesammlung ein schachliches Porträt von dem Spieler, der bis dato den Ruf des „stärksten Amateurs der Welt" genoß. Geboten werden seine besten Partien (allesamt kommentiert) seit 1961, seit dem Zeitpunkt also, wo er als 13jähriger zum ersten Male auf sich aufmerksam machte.

Band 13 Vl. Budde/Erich Carl/Peter Kleine
Perlen der Schachspielkunst
60 der größten Schachmeister aller Zeiten – von Philidor 1726–1795, bis Karpow, dem heutigen Weltmeister – werden in 60 Partien vorgestellt.
Das schönste Schach, das je gespielt wurde.
Ein Buch zum Nachspielen. Die Partien werden jedem Schachspieler als Ansporn für sein Spiel dienen.

Band 14 Lothar Nikolaiczuk
Keine Angst vor Endspielen
Die bei fast jedem Lernenden anzutreffende Endspielangst ist dem Autor, der seit vielen Jahren als Schachspiellehrer und -trainer mit der pädagogischen Seite des Spiels vertraut ist, von daher zur Genüge bekannt.

Band 15 Vladimir Budde
Vom Mittelspiel ins Endspiel
In vier Kapiteln werden Partien zu den Komplexen Doppelbauer, Isolierter Damenbauer, Raumvorteil im Bauerngerüst und verteilte Bauernmehrheiten

vorgestellt. Die Schwierigkeiten im Kampf mit ungleichfarbigen Läufern, dem Läuferpaar und in Symmetriestellungen werden in drei weiteren Kapiteln behandelt.

Band 16 Bernd Feustel
Kleines Blitzschachbrevier
Ein Blitzschachspiel – beliebt bei allen Schachfreunden – wird erstmalig in diesem Buch in seiner Eigenständigkeit und Eigengesetzlichkeit dargestellt.

Band 17 Erich Carl
Paul Keres
Ausgewählte Partien 1959–1974 und der Versuch einer Biographie
Großmeister Paul Keres, einer der erfolgreichsten Schachmeister aller Zeiten, gab selbst seine besten Partien von 1931–1958 heraus. Die vorliegende Sammlung schließt lückenlos von 1959 bis zum seinem Tode (1975) an.

Band 18 Günter Lossa
200 Schachrätsel
Kapriolen auf dem Schachbrett

Band 19 Vladimir Budde
Zur Praxis der Turmendspiele
In diesem Buch werden in zehn Lektionen, gegliedert nach drei Schwerpunkten, Bausteine zum Verständnis der Turmendspiele vorgestellt.

Band 20 Vladimir Budde
Garri Kasparow
Das „Idol der Jugend", wie man den Herausforderer des Schachweltmeisters nennt, wird im Buch vorgestellt. Seine schönsten und besten Partien, kommentiert – teilweise Originalkommentare – von Garri Kasparow.

Band 21 Lothar Nikolaiczuk
Bauernendspiele
Prinzipien und Motive
„Der Bauer ist die Seele des Spiels", hat einst der berühmte Schachmeister Philidor formuliert. Dieses Buch zeigt, wie schwierig sich selbst der ‚Endkampf' gestaltet, wenn alle weiteren Figuren abgetauscht bzw. eliminiert sind.